Am Entscheid seiner Frau ist nicht zu rütteln: Sie will die Scheidung, er muss die Wohnung verlassen, der Sohn bleibt bei der Mutter. Als Arbeitsloser hat er keine andere Wahl, als in ein altes Ferienhaus in den Bergen zu ziehen, eine Stunde von der Stadt entfernt. Geplagt von Streit und Schulden rast er die Serpentinen hinauf und hinunter, pendelt zwischen seinem Psychiater und seiner Anwältin. Er pumpt sich voll mit Bier und Tabletten. Die Tage, an denen er weder als Wachmann in der Stadt noch als Kameramann im Fußballstadion arbeiten kann, verstreichen im Delirium. Bis er beginnt, seine neue Umgebung wahrzunehmen, den Garten in Ordnung zu bringen, im Kamin Feuer zu machen. Er malt auch wieder, wie früher. Wie Alfonso Ossorio, der gemalt habe wie Jackson Pollock, nur ein bisschen anders, sagt man ihm. Er lebt für die Wochenenden mit seinem Sohn, den er jeden zweiten Freitag vom Kindergarten abholt und mit in die Berge nimmt. Hier gehört der Junge bald zur kleinen Dorfgemeinschaft. Der alte Reto lässt ihn seine Esel und Kaninchen streicheln, Eurosia von der Bar Lepre Bianca überrascht ihn mit einem Geburtstagskuchen. »Wie groß ist das Leben?«, will der Sohn wissen. Der Vater braucht viel Zeit, bis er ihm eine Antwort geben kann.

Davonkommen ist ein innerer Monolog, radikal subjektiv und sprachlich furios. Er habe den Vätern, die Ähnliches erlebt haben, eine Stimme geben und »eine Hymne auf den Überlebensinstinkt« schreiben wollen, sagt Fabio Andina über seinen Roman, den zweiten nach seinem Debüterfolg *Tage mit Felice*.

Fabio Andina

Davonkommen

Roman

Aus dem Italienischen
von Andreas Löhrer

Die Übersetzung wurde gefördert von
Pro Helvetia, Schweizer Kulturstiftung.

prohelvetia

Der Verlag bedankt sich dafür.

Der Rotpunktverlag wird vom Bundesamt für Kultur
mit einem Strukturbeitrag für die Jahre 2021–2024
unterstützt.

Die Originalausgabe ist 2022 unter dem Titel
Uscirne fuori bei Rubbettino Editore erschienen.

© 2022 Rubbettino Editore, Soveria Mannelli

© 2023 Edition Blau im Rotpunktverlag, Zürich
(für die deutschsprachige Ausgabe)

www.rotpunktverlag.ch
www.editionblau.ch

Umschlagbild: Alfonso Ossorio, *Turn for the Better,* 1950,
© Robert U. Ossorio Foundation; Courtesy of Michael
Rosenfeld Gallery LLC, New York, NY

Lektorat: Anina Barandun

Korrektorat: Lydia Zeller

Gestaltung: Patrizia Grab

Druck und Bindung: Friedrich Pustet, Regensburg

ISBN 978-3-85869-976-3
1. Auflage 2023

Dieses Buch ist auch als E-Book erhältlich.

1.

Dass ich gestört bin, das hatte ich selbst schon lange begriffen, und dann hat es mir auch dieser Psychiater gesagt, mit dem ich letzte Woche telefonierte und der der Fünfte auf der Liste der Psychiater in meiner Stadt war, aber der Erste, der mich heute Nachmittag genommen hat, weil einige nahmen keine neuen Patienten mehr und andere konnten mich erst in mehr als einem Monat nehmen, aber ich habe keine Zeit zu verlieren, ich lebe in einem Delirium.

2.

Ich gehe im Dunkeln drei Etagen die Treppe hoch, zweiundfünfzig dreiundfünfzig vierundfünfzig, im Haus, wo ich wohne, muss ich achtzig Stufen gehen, ich habe gar nicht daran gedacht, das Licht einzuschalten, aber hier müsste ich es jetzt einschalten, denn ich sehe nichts mehr. Ah, da ist er ja, der rote Schalter, und da hab ich es schon eingeschaltet und da ist die Tür zur Praxis des Psychiaters und da steht Klingeln und Eintreten. Ich klingle und trete ein und es empfängt mich diese schöne Sekretärin mit den großen Brüsten und den Pferdezähnen, Nehmen Sie doch hinten rechts Platz, ich bin der Einzige, der wartet, es herrscht Stille, ich bewege mich automatisch langsam, um keinen Lärm zu machen, ich nehme eine Zeitschrift, blättere sie durch, dann nehme ich eine andere, aber wie lange lassen die mich denn warten, hier ist doch niemand, da ist die Arcuri oben ohne und dann auch die Canalis, die ihren Hintern zeigt, schau sie dir an, die zwei... Dann kommt der Psychiater, ich weiß schon nicht mehr, wie er heißt, einer der vielen auf der Liste, Doppelkinn, er schüttelt mir die Hand, ein schlaffer und feuchter Händedruck, Guten Tag, bitte hier lang, ich folge ihm und trockne meine Hand an meiner Hose ab, während ich ein Zimmer betrete, nackte Wände, ein runder Teppich und zwei weiße Ledersessel von Ikea. Die Sachen von Ikea kenne ich alle, weil ich zu Ikea gehe, wenn ich nicht weiß, was ich tun soll, oder wenn es regnet oder wenn meine Frau und ich unseren Sohn dort hinbringen und wir ihn im Enchanted Forest lassen, da können die Eltern ihre Kinder für eine Stunde lassen zum Spielen und zum Trickfilme-Schauen und in der Zwischenzeit können die Eltern verschnaufen und so tun, als müssten sie etwas einkaufen wie ein Sofa oder eine Küche oder einen Schrank, aber dann kaufen sie nur eine Duftkerze oder schwedische Kekse oder gar nichts. Hier neben mir steht ein kleiner weißer Schrank, auch der von Ikea, und darauf eine fast leere Kleenex-Schachtel. Ich lese, was auf der Kleenex-Schachtel steht, da steht Recyclingpapier, dann schaue ich den Psychiater an, der mich anschaut, er schaut mich an, seitdem ich es mir auf dem Sessel bequem gemacht habe, und nickt mir mit dem Kopf zu, als wolle er mir sagen, ich solle anfangen zu sprechen, und auf dieses Nicken hin lade ich alles auf ihn ab, was mir einfällt, wie zum Beispiel, dass ich seit Jahren alles und alle nicht mehr aushalte und dass ich das Leben und die Menschen nicht mehr ertrage, und ich schweife ab und rede und rede, dass mir der Mund trocken wird, ich bräuchte ein Glas Wasser, und dann sage ich schließlich, dass ich die Trennung von meiner Frau schlecht verkrafte, aber sie hat sie gewollt, schon seit Monaten oder sogar seit einem Jahr wollte sie sie und im letzten Februar hat sie sich entschlossen und ist zu einem Anwalt gegangen, der hat mir diesen Brief geschrieben, in dem steht, dass meine Frau die Trennung will und dass sie mich so schnell wie möglich aus der Wohnung haben will und dass sie unseren Sohn behält und dass ich das Auto behalten kann. Ich hole Luft. Eine Weile herrscht diese große Stille. Dann schaut er, Schlaffhand, auf die Uhr und räuspert sich, Gut für heute, stoppen wir hier, wollen Sie für nächste Woche einen Termin vereinbaren? Ich weiß es nicht, ich weiß es nicht, ich denke darüber nach und schon eile ich aus diesem Gebäude hinaus, ohne überhaupt die Stufen zu zählen und halte an der ersten Bar, der ich begegne. Ein Bier, einen Halben.

3.

Ich warte in dem schönen Garten dieses Häuschens am Ufer des Sees am Rande der Stadt. Seit einem Jahr wohne ich in der Stadt, in einem Wohnviertel mit viel Grün, das an diesem See liegt, und nun bin ich hier und warte auf Psychiater Nummer zwölf auf der Liste, die ich mir auf einen Zettel geschrieben habe, und der in Wirklichkeit eine Psychiaterin ist. Vor einem Augenblick hat sie mich gefragt, ob ich lieber draußen oder drinnen warten will, und ich habe gesagt draußen, denn hier draußen scheint die schöne Maisonne und da ist dieser schöne Rosmarin an der Wand, herrlich ist der, denn mir gefällt Rosmarin sehr und auch die drei Rhododendren da hinten, was sind sie schön, lass sie mich aus der Nähe betrachten, dann sehe ich auch Azaleen, oh was für schöne Pflanzen, die immergrünen Pflanzen gefallen mir besser als die anderen. Ich betrachte diese Pflanzen und verliere mich in meinen Gedanken, aber dann höre ich hinter mir eine Tür aufgehen und eine Frauenstimme sagen, Auf Wiedersehen Dottore und danke, und da drehe ich mich um und gehe einen Schritt auf den Hauseingang zu und ein Mann mit blonden Haaren, die aussehen wie eine Perücke, kommt mir entgegen und geht an mir vorbei und die Psychiaterin bleibt im Eingang stehen und begleitet mit dem Blick diesen Patienten, ein Mann mit einer Frauenstimme, ich habe sein Gesicht nur flüchtig gesehen, ich habe sein Lippenstift-Rot gesehen, er geht mit diesen kurzen schnellen Schritten, die Haltung aufrecht und steif, und nach den zehn Schritten, die ich ihn zur Straße gehen sehe, kommt er mir vor wie eine hölzerne Puppe, eine von denen, die man mit einem Schlüssel auf dem Rücken aufzieht. Dann wirft die Psychiaterin, mager und winzig klein, ein Knirps von einer Frau, ihren Blick auf mich und streckt die Hand aus und ich habe Angst, sie zu fest zu drücken, Hallo, guten Tag, entschuldigen Sie, wenn ich Sie habe warten lassen, und sie bittet mich herein und lässt mich Platz nehmen in einem kleinen Arbeitszimmer im Souterrain, von wo ein Kellerfenster auf die Straße geht, und ich sehe die hölzernen Beine des Mannes mit der Frauenstimme, wie sie in einen brandneuen weißen Mercedes einsteigen, der losfährt, und wir müssen warten, dass der Lärm und das Zittern der Scheiben aufhört. Nach einigen langen Sekunden der Stille macht die Psychiaterin den Mund auf, die ersten üblichen Fragen, genau wie bei den anderen Psychiatern, die ich in den letzten Wochen getroffen habe, also versuche ich so wenig wie möglich zu sprechen, um zu sehen, worauf sie hinauswill, aber nach einigen Minuten kommt sie zum selben Schluss wie die anderen, dass ich gestört bin, aber im Grunde ein Existenzialist, sagt sie, Existenzialist, und mir kommen diese französischen Schriftsteller in den

Sinn, die ich gelesen habe, Der Ekel und viele andere, denn an Titel und Namen kann ich mich nie erinnern, aber an Der Ekel erinnere ich mich gut, denn ich habe es auf Italienisch, Englisch und auch auf Französisch gelesen. Ich denke daran, dass ich mit dem englischen Buch dann eine Decoupage gemacht habe, die in Stücke gerissenen Seiten auf eine Amphore geklebt habe, die mir Manuela geschenkt hatte, und ich merke nicht, dass die Psychiaterin mich gerade verabschiedet, Also gut, rufen Sie mich ruhig an, wenn Sie das Bedürfnis verspüren, sie ist aufgestanden und mit einer knappen Handbewegung fordert sie mich auf, diesen kleinen Raum zu verlassen, ohne mich überhaupt zu fragen, Kann ich Ihnen vielleicht ein Rezept für ein Medikament verschreiben, denn wozu bin ich denn hergekommen, vielleicht um den Garten zu betrachten und um ihr all den Mist zu erzählen, den ich ihr erzählt habe? Und nun finde ich niemanden, der mir Medikamente besorgen kann, mein Freund Carlo hat sie mir immer gegeben, aber jetzt gibt er mir keine mehr und mir gehen sie aus. Also rufe ich einen anderen Psychiater an und noch einen anderen, bis ich ans Ende der Liste der Psychiater meiner Stadt komme und nichts zustande bringe. Ich rufe wieder bei Carlo zu Hause an und seine Frau geht dran, Schon wieder du, hör zu, Carlo ist unterwegs, auf Arbeit, das habe ich dir schon gestern gesagt und ich sage dir auch noch ein letztes Mal, Carlo hat aufgehört, ruf nicht mehr an. Also bleibt mir an diesem Punkt nichts anderes übrig, als die Liste der Psychiater einer anderen Stadt herauszuholen. Der Dritte auf der Liste nimmt mich morgen früh um neun, aber ich habe mein Auto in der Werkstatt, irgendwas funktioniert nicht, wenn es in niedriger Drehzahl läuft, geht es aus und der Mechaniker hat mir gesagt, es kann eine Kleinigkeit sein, aber es kann auch etwas Ernstes sein, darum muss er es an den Computer hängen.

4.

Ich muss früh aufstehen, unser Sohn schläft neben mir und meine Frau schläft auf dem Sofa, sie ist spät nach Hause gekommen, sie geht fast jeden Abend aus. Ich stehe langsam und leise auf, ziehe mich an und gehe hinauf zum Bahnhof, ich komme gerade rechtzeitig, um den Zug zu nehmen, der genau um 7.34 Uhr geht, er fährt und fährt und da kommt er schon in der anderen Stadt an, ich muss nur dreihundert Meter zu Fuß gehen und da sitze ich schon wieder auf einem anderen blöden Ikea-Sessel. Der Psychiater, der mir gegenübersitzt, ist ein ziemlich alter Kerl, warum geht er denn nicht in Pension? Er hat dieses schwarz gefärbte Toupet, das ihm den Anschein verleiht, er sei der Allerschlaueste auf der ganzen Welt, ich bin still, bis er als Erster den Mund aufmacht, ich tu so, als wäre ich nur mit dem Körper anwesend, weil einer, der zu viel redet, wie ich das normalerweise mache, der ist ja nicht wirklich deprimiert, das hatte mir Carlos Frau am Telefon gesagt und dann hat sie mir auch gesagt, einer, der wirklich deprimiert ist, der hat sein Gehirn abgeschaltet und die Gedärme um den Kopf gewickelt und redet nicht, das hat sie mir gesagt, und diesen Satz mit den Gedärmen habe ich mir aufgeschrieben, weil ich ihn interessant fand, und ich habe ihn mit einer Nachricht an Manuela geschickt. Also dieser schlaue Fuchs von Psychiater stellt mir verschiedene Fragen, einige sind richtige Fangfragen, die ich gleich erkenne und nicht drauf reinfalle, was glaubt er denn, mit wem er es zu tun hat? Er steht auf und dreht sich einmal um sich selbst, dann dreht er sich noch einmal, starrt mich ein paar Sekunden an, bevor er den Mund aufmacht, Wollen Sie in einer Woche wiederkommen?, und ich springe auf, Wenn ich in einer Woche noch am Leben bin, und ich fange an zu weinen und bin wirklich von mir selbst überrascht, es fällt mir ja nicht gerade leicht zu weinen und dann noch im richtigen Moment. Zwanzig Minuten später komme ich lächelnd aus einer Apotheke, in der Tasche Efexor und Distraneurin, ich halte in einer Bar und bestelle ein Bier und schlucke ein paar von beiden und nach einigen Minuten fühle ich mich auf diesem Plastikstuhl festgenagelt und begreife, dass meine Lippen ein blödes Lächeln bilden, die Barista kommt vorbei und ich bestelle einen Macchiato. Mit heißer Milch? Ich lächle sie an, mein Unterkiefer ist steif. Ich trinke den Kaffee, die Barista kommt wieder vorbei, Noch einen? Ich betrachte sie von der Seite, während sie sich schwebend entfernt, sie putzt ein paar Tische, vielleicht, oder sie bedient jemanden. Ich weiß nicht, wie lange ich schon in dieser Bar sitze. Sicher eine ganze Weile. Ich stehe auf und gehe zum Bahnhof.

5.

Kaum zu Hause, springe ich unter die Dusche. Meine Frau und mein Sohn sind nicht da. Unser Sohn ist vier Jahre alt, das einzige Kind. Meine Frau ist Australierin, wir sind seit acht Jahren verheiratet und sie hat gerade die Trennung verlangt, sie will mich so schnell wie möglich aus dem Haus haben, aber ich finde hier in der Stadt keine Wohnung, denn einem Arbeitslosen vermietet niemand auch nur einen Keller. Dienstagnachmittags dusche ich eigentlich nie, ich dusche entweder gleich nach dem Aufstehen oder bevor ich ins Bett gehe, und dann ist dienstags die Wäsche dran und üblicherweise kümmere ich mich darum, denn meine Frau macht es nie, und nach der Wäsche treffe ich immer Anna. Unter der Dusche denke ich, ich könnte oben in den Bergen wohnen, da oben habe ich eine Hütte, die meine Eltern gekauft haben in dem Jahr, als ich zur Welt kam, aber sie ist eine Stunde mit dem Auto von der Stadt entfernt und ich will in der Nähe meines Sohnes bleiben. Unter der Dusche verliere ich mich, dann schaue ich auf die Uhr, ich bin spät dran, ich mache keine Wäsche, ich ziehe dieselben Kleider an und gehe meine Freundin Anna treffen und wir setzen uns an den üblichen Tisch in der üblichen Bar und bestellen den üblichen Cappuccino. Sie will wissen, wie es mir geht, wie es mit der Trennung läuft, mit der Suche nach Arbeit, wie es meinem Sohn geht, und schnell versetzt sie mich in Paranoia, ich muss zwei Distraneurin schlucken, sie sieht, dass ich jetzt nicht mehr das Imap nehme, das ich früher genommen habe, und sie macht auf ihrem Gesicht das, was man macht, wenn du einen Umschlag öffnest und es springt ein Zahlungsbefehl heraus, He, ach komm, was machst du denn für Sachen? Aber dann rede nur ich und eine halbe Stunde lang lade ich alles ab, was ich auf Anna abladen muss, die ich seit einer Woche nicht gesehen habe, aber ich möchte sie öfter sehen, sogar jeden Tag, aber sie ist verheiratet mit zwei Kindern, die in einer privaten Grundschule sind, es geht ihnen gut, ihr Mann ist Arzt und sie arbeitet halbtags in der Buchhandlung eines Museums für zeitgenössische Kunst und dann will Anna eine gewisse Distanz zu mir wahren, ich darf sie nicht anrufen, nur mal als Beispiel, ich habe nicht einmal ihre Nummer und Anna tut gut daran, es so zu halten, denn seit fast einem Jahr ist sie meine einzige Vertraute, sie und Manuela, aber Manuela und ich schreiben uns Nachrichten und wir telefonieren ab und zu miteinander, denn sie wohnt zu weit weg, in Genua, ein paar Schritte vom Meer entfernt. Anna muss die Buchhandlung öffnen gehen, Bücher über Gemälde und Skulpturen, wir verlassen die Bar, ich begleite sie zu Fuß bis vor das Museum, ich schaue sie an, sie schaut mich an und es ist beiden klar, dass wir uns küssen wollen, oder vielleicht ist es nur mir klar, sie lächelt mich an, vielleicht hat sie meine Gedanken gelesen, ich mache ihr die Eingangstür auf und dann sehe ich, wie sie verschwindet. Ich halte in einer Bar auf ein Bier und schlucke Efexor. Ich sehe nach, wie viel ich noch in der Tasche habe, und aus dem Klo kommt einer mit den Händen am Reißverschluss, weil er es nicht schafft, ihn hochzuziehen, und lehnt sich an die Bar und bestellt einen Kaffee.

6.

Kaum bin ich wach, habe ich noch frisch den Traum im Kopf, den ich geträumt habe. Ich habe von Saddam Husseins Hinrichtung geträumt, ich habe das Video im Internet gefunden, aber in meinem Traum löste sich der Körper vom Kopf und fiel nach unten und der Kopf blieb in der Schlinge hängen und lächelte mir still zu.

7.

Es sind noch zwei Tage bis zu meinem Geburtstag. Ich bin vor dem Computer am Surfen, um eine Wohnung zu suchen, in der letzten Woche habe ich einige besichtigt, aber immer wenn ich sagen musste, ich bin arbeitslos, haben sie mir die Tür vor der Nase zugeschlagen. Vielleicht ist das ein Zeichen, ich glaube an Zeichen, vielleicht ist es die Berghütte, die mich ruft. Aber jetzt bin ich hier und suche und suche und meine Frau hört keinen Moment auf mich zu belästigen, sie ist gerade erst aufgestanden, es ist Mittag und unseren Sohn habe ich vor drei Stunden in den Kindergarten gebracht, denn sie, die Lebefrau, ist gestern Abend ausgegangen und nach Hause gekommen, als es fast Tag war. Jetzt wartet sie, bis der Kaffee hochkommt, ihr stehen die Haare ab und sie hat Mundgeruch und während sie auf den Kaffee wartet, ein erster Kommentar und dann noch einer und danach noch mal einer, sie bringt mich auf die Palme und wir streiten und wir streiten wieder, wie es bisher seit Monaten fast jeden Tag wegen Kleinigkeiten passiert, aber es sieht immer so aus, wie wenn wir noch Monate oder für immer so weitermachen könnten. Aber dieses Mal ist etwas anders, es ist ein Gefühl wie ein übler Geruch, den ein Windzug herüberweht, und ich begreife plötzlich, dass das Glas übergelaufen ist, oh ja, es ist übergelaufen, es läuft über und es bricht aus ihr heraus, sie kotzt alles aus, sie brüllt mich an, ich solle mich verpissen, Hau ab, brüllt sie, du kannst nicht mehr hierbleiben, hat mein Anwalt geschrieben, und wenn du keine verdammte Wohnung findest, du arbeitsloser Parasit, dann geh hoch in diese blöde Hütte, schreit und brüllt sie und sofort habe ich die Gewissheit, jetzt gibt es kein Zurück mehr. Ich springe auf, und während sie weiterbrüllt, dass sie genug hat von mir, von dieser Stadt, dem Geld, das immer fehlt, undsoweiter undsofort, während sie all das hinausbrüllt und noch vieles mehr, höre ich sowieso schon nichts mehr, es gibt nämlich nichts mehr zu hören, ich gehe aus der Wohnung, laufe die Treppen hinunter, steige ins Auto und gehe weg, einfach so, eine Minute hat gereicht. So gehe ich weg von ihr und unseren Träumen, von unseren Plänen, wir wollten ein Mädchen adoptieren, denn eine zweite Schwangerschaft will ich nicht, hat sie immer gesagt, Ich ruiniere mir den ganzen Körper, ich bekomme Dehnungsstreifen, sieh mal hier, was für Dehnungsstreifen ich auf dem Bauch bekommen habe, und dann schwellen meine Brüste an, schau hier, was für Brüste ich nach zwei Jahren Stillen bekommen habe, undsoweiter undsofort. Also gehe ich weg, nehme den Volvo und fahre hoch in die Berge. Dann rufe ich meinen Anwalt an.

8.

Weißt du, das erste Mal, als deine Mama und ich erfahren haben, dass du in ihrem Bauch bist, hatte ich sie am Eingang einer Arztpraxis abgesetzt, weil es ihr nicht sehr gut ging, Ich fühle mich komisch, sagte sie. Ich blieb draußen im Auto auf dem Parkplatz, um auf sie zu warten, und habe es schon gespürt und konnte vor Aufregung keinen Ton herausbringen. Und als ich sie dann aus der Tür kommen sah, haben wir uns angeschaut und ich habe sofort begriffen und tagelang hatten wir dieses feste Lächeln im Gesicht und dann schauten wir uns an und lachten und umarmten uns. Und dann beschlossen wir, es mindestens zwei Monate lang niemandem zu sagen, bis wir sicher waren, aber nach zwei Tagen wussten es alle, dass du unterwegs warst.

9.

Heute Morgen wache ich auf mit trockenem Mund und der komischen Vorahnung, ich hätte in der Nacht eine Rhododendronpflanze gestohlen, aber vielleicht war es nur ein Traum. Aber dann erinnere ich mich, ja, ich wollte wirklich diesen Rhododendron aus dem Garten dieser Zürcher Familie stehlen, sie merken es doch gar nicht, wenn eine kleine Pflanze fehlt zwischen all den Pflanzen, die sie haben, und dann kommen sie ja sowieso fast nie hier herauf in die Ferien, hier im Dorf sind die Hälfte der Häuser Ferienhäuser. Dann erinnere ich mich auch, dass ich gestern zu Fuß unterwegs war, um zu sehen, wer Rhododendren und Rosmarin und Azaleen und Lavendel hat, ich will nämlich mein Gärtchen mit all diesen schönen Pflanzen füllen, die mir so gut gefallen wie die im Garten dieser Psychiaterin am Seeufer, und ich hatte ein paar schöne gesehen, aber ich habe mir gesagt, Nein komm, das Dorf ist klein und die Leute munkeln, dann ziehe ich noch den Zorn der Dorfbewohner auf mich, aber manche Pflanzen waren wirklich schön, wie der Rosmarin vor dem Haus von Angelo, das ist der Alte, den mein Sohn so gernhat, denn er hat immer so viele Schafe und Kaninchen, die er ihn streicheln lässt, und ich habe mir gesagt, morgen gehe ich in ein anderes kleines Dorf unten im Tal, dann denken die Leute in meinem Dorf, dass ich sie wirklich gekauft habe. Ich bin also gerade mit dieser komischen Vorahnung aufgewacht, einen Rhododendron gestohlen zu haben, aber ich weiß nicht mehr aus welchem Garten, um es genau zu sagen, erinnere ich mich wirklich an nichts mehr, ich fühle nur, dass ich ihn gestohlen habe, ich habe dieses Gefühl in mir, etwas gestohlen zu haben, wie einen Gestank, der an den Händen klebt, auch nachdem du sie gewaschen hast. Ich versuche mich zu erinnern, aber mein Verstand ist so angeschlagen, dass ich nur noch an einen Traum denke, der dann zum Albtraum wurde, denn ich weiß nicht, ob ich im Traum aufgewacht bin oder ob ich wirklich aufgewacht bin. Ich stehe auf, bin vollkommen verschwitzt und gehe die Treppe hinunter und gehe hinaus und da sehe ich ihn, den Rhododendron, schön, eine schöne Pflanze, da steht sie kunstvoll zwischen zwei Azaleen eingepflanzt, zwei Azaleen?, zwei Azaleen, die gestern nicht da waren. Ich bekomme einen Angstanfall und gehe ins Haus zurück, spähe aus dem Fenster, es ist besser, sie zurückzubringen, aber wohin? Schaff sie aus dem Garten weg, lass sie verschwinden, ich öffne die Terrassentür, gehe aber nicht hinaus, es ist besser, wenn ich im Haus bleibe, falls mich jemand gesehen hat, als ich sie gestohlen habe. Und wenn sie kommen und an meine Tür klopfen? Ich spähe erneut aus dem Fenster, ich habe sie gestohlen, ich habe sie gestohlen... Aber dann gehe ich wieder hinaus und verändere alle drei mit der Rebenschere, sodass sie nicht wie die aussehen, die ich gestohlen habe, ich schneide sie etwas kürzer und entferne die wenigen Blüten, die sie hatten, und so geht es besser, oh ja, viel besser, und jetzt, da ich entspannter bin, gehe ich ins Haus und mache mir einen Kaffee.

10.

Während ich warte, dass er hochkommt, spaziere ich durch meinen Garten, um zu sehen, wie das neue Gras wächst, das ich vor Kurzem gesät habe, dieser Garten war nämlich von Unkraut überwuchert, doch dann hatte ich alles herausgerissen und umgegraben und ihn neu angelegt. Ich betrachte dieses neue Gras in seinem glänzenden Grün und da sehe ich erstaunt, dass auf dem Steinmäuerchen zur Straße hin eine dicke Rosmarinpflanze steht, Wurzeln und Erde schon trocken, und ich bekomme wieder einen Angstanfall, ich laufe zum Rosmarin und nehme ihn weg, verstecke ihn hinter dem Haus im Holzschuppen, dann beseitige ich mit dem Besen jede Spur von Erde auf dem Mäuerchen und gehe wieder ins Haus. Also habe ich gestern Abend Pflanzen erbeutet, bravo! Wirklich: bravo! Ich spähe aus dem Fenster, vielleicht habe ich das Auto benutzt, ich sehe es an der gewohnten Stelle vor dem Haus stehen, normalerweise parke ich es da, womöglich habe ich es benutzt, ich betrachte es aufmerksam, als ob mein Volvo damit herausrücken könnte, ob ich ihn benutzt habe oder nicht. Der Kaffee ist schon hochgekommen und pfeift, und während er pfeift, versuche ich mich zu erinnern, aber mein Verstand schweift ab. Ich gieße eine ganze Menge Kaffee in eine Tasse, gebe Zucker und Milch dazu und nehme vom Schränkchen Efexor und Distraneurin. Dann nehme ich mein Handy, denn ich will eine Nachricht an Manuela schreiben, was mir passiert ist, sie und ich, wir sagen uns alles, Anna aber habe ich seit zwei Wochen nicht gesehen. Ich öffne WhatsApp und sehe, dass ich gestern Abend an meine Exfrau geschrieben habe, Es war besser dich zu verlassen, als dir nie begegnet zu sein, lese ich, so

steht es da, es stammt aus einem Lied von Fabrizio De
André, ich habe es um 22.18 Uhr verschickt, ich lese es
noch einmal, aber ich erinnere mich nicht. Von gestern
Abend erinnere ich mich noch vage, dass ich auf ein oder
zwei Bier in der Bar gewesen bin, aber ich bin mir nicht
ganz sicher. Das sage ich nur, weil ich abends üblicherweise in die Bar gehe. Ich bin ganz durcheinander, spähe
aus dem Fenster, sehe die Pflanzen, die ich gestohlen habe,
meinen Volvo, den ich vielleicht benutzt habe, um sie zu
stehlen, dann fährt das Auto der Briefträgerin vorbei, die
ihre Tour beendet hat und wegfährt, und die Mehlschwal-
ben flattern am klaren Himmel. Ich gehe hinaus, um die
Post zu holen, die die Briefträgerin mir immer in eine
Plastiktüte hinterlegt, die an der Tür hängt, da ist ein Brief,
ich mache ihn auf, es ist mein Anwalt, sie heißt Samantha,
Anwältin oder Advokatin Samantha, sie bittet mich, ihr so
schnell wie möglich einige Dokumente zu bringen, und
schreibt, dass die Verhandlung für die Trennung auf Dienstag den 19. Juni um Punkt 8 Uhr im Amtsgericht unten in
der Stadt festgesetzt wurde. Und sie schickt mir auch die
Kopie des Scheidungsantrags der Anwältin meiner Exfrau,
den ich in einem Zug lese. Ich weiß nicht, ob ich lachen
oder weinen soll. Was für ein Scheißtag. Ich schreibe
Manuela und es geht ein wenig besser.

11.

Wir hatten einen Hund namens Blue, so schreibt man die
Farbe Blau auf Englisch, aber man spricht es aus wie auf
Italienisch, blu, zu Hause sprachen wir nämlich nur Eng-
lisch, denn Italienisch hast du ja im Kindergarten und von

den Großeltern und unterwegs gelernt, nicht wie Freunde von uns, ein amerikanisches Paar, die vor einem Jahr wegen der Arbeit in die Stadt kamen und mit ihrer dreijährigen Tochter nur Italienisch sprachen, ihr dürftiges Italienisch, Warum sprecht ihr denn nicht Englisch?, ihr verweigert ihr doch einen Teil ihrer Kultur, fragte ich sie und ich musste das auf Italienisch fragen, denn wenn wir bei ihnen waren, durften wir nur Italienisch sprechen. Wenn sie uns also zum Essen einluden, sagten wir uns den ganzen Abend lang nur zwei oder drei Dinge, denn sie lernten Italienisch erst seit Kurzem mit diesen Kursen am Computer, aber bei der Arbeit sprachen sie fast nur Englisch, und dann sagten sie an diesen Abenden zu den Kindern und vor allem zu ihrer Tochter, He du sitzen bleiben he he essen jetzt gut zuhören, brav sein, Kaka gemacht? Sie versuchten zu erklären, dass sie, und sie zeigten mit dem Finger auf ihre Tochter, um sicherzugehen, dass wir, meine Exfrau und ich, kapierten, dass sie von ihr sprachen, dass Tochter besser integrieren mit Kinder von Kindergarten... in ihrem Italienisch, dessen Sätze man entschlüsseln musste. Nach einem Jahr wurde er dann nach China versetzt und sie sind nach Peking gezogen und wer weiß, ob sie mit dem Chinesisch... meiner Meinung nach haben sie es wohl sein lassen. Blue war eine kleinwüchsige, dicht behaarte Promenadenmischung, sie war ein Geburtstagsgeschenk für meine Exfrau in Australien gewesen. Eine australische Promenadenmischung, der Hund. Am Tag nach Weihnachten vor zwei Jahren musste ich ihn zu diesem Tierarzt zum Einschläfern bringen. Unserem Sohn habe ich erzählt, Blue sei hinaufgegangen auf einen Stern oder auf eine Wolke.

12.

Heute Morgen, es ist Montag, mussten mein Sohn und ich früh aufstehen, ich muss ihn in den Kindergarten bringen, man braucht eine Stunde bis in die Stadt, er hat die Krise gekriegt, er will hier in den Bergen bleiben, er ist gerne bei mir, es bleibt mir nichts anderes übrig, als ihm zu versichern, das hat nichts mit dir zu tun und du hast keine Schuld an der Trennung, niemand hat Schuld, so etwas passiert den Großen und deine Mama und ich haben dich immer und immer lieb... er hat jedenfalls die ganze Fahrt im Auto geweint. Ich habe ihn am letzten Freitag am Eingang vom Kindergarten abgeholt, dann war er das Wochenende bei mir und jetzt habe ich ihn gerade wieder in den Kindergarten zurückgebracht. Nach dem Kindergarten fahre ich zu meiner ehemaligen Wohnung. Sie hat die Tür offen gelassen, denn ich habe ihr gesagt, ich will vorbeikommen und meine Sachen holen. Ich gehe hinein und schaue mich um und da sind Halbe-Liter-Dosen Heineken und leere Weinflaschen überall vom Eingang bis zum Balkon, wo meine Zimmerpflanzen vertrocknen, sie haben meine Zimmerpflanzen an die knallende Sonne auf den Balkon gestellt. Dann sehe ich, dass die Fische im Aquarium im Zimmer meines Sohnes am Ende sind, einer treibt tot an der Oberfläche und das Wasser ist dabei, sich grün zu verfärben. Sie weiß nicht, wie man das Wasser wechselt, ich habe das alle fünf Tage gemacht. Das Aquarium mit den Fischen war das Geschenk zum vierten Geburtstag unseres Sohnes. Im Badezimmer sehe ich Rasierschaum und Rasierklingen und Haargel und im Schlafzimmer stehen vier Paar Turnschuhe, alles Adidas, und auf einem Stuhl schmutzige Arbeitskleidung mit Baustellenschmutz, mir kommt das Kotzen. Ich stürze hinaus und nehme nichts mit.

13.

Bzhzzhzzz bhzz, an diesem schmutzigen Brummen erkenne ich die Schmeißfliege von gestern. Auch gestern war ich gerade dabei, meine schöne Siesta zu halten, aber eine Schmeißfliege, die hier, die ich jetzt höre und als die von gestern wiedererkenne, hatte mich aufgeweckt. Aber gestern hatte sie ihr schönes Brummen einer gesunden Schmeißfliege und sie brummte und setzte sich an die Decke, brummte und setzte sich an die Wand, brummte und stieß gegen das Dachfenster, das Zimmer ist in der Mansarde. Ich nahm das Buch von der Kommode und bamm, warf es nach ihr und für eine Weile war Ruhe, ich schlief fast wieder ein. Doch dann flog sie wieder auf, mit Mühe, ich hatte ihr vielleicht einen Flügel gebrochen. Und dieses gesunde Brummen eines frisierten Mofas ist zu diesem schmutzigen Brummen geworden, das ich jetzt höre, wo ich gerade am Einschlafen bin.

14.

Ich saß gerade auf der Kloschüssel und habe mir gesagt, du musst doch diese Sachen, die dir passieren, aufschreiben, Manuela hat mir nämlich gesagt, ich lebe wie in einem Film. Aber dann, wie langweilig, ich sitze hier ruhig und entspannt und zum Schreiben müsste ich den Computer einschalten und es ist erst 13 Uhr am Sonntag, und ich sage erst, weil ich gestern von acht Uhr abends bis um drei Uhr heute Morgen gearbeitet habe. Nicht dass ich viel geschlafen hätte, ich war ja schon um neun wach. Ich habe vor ein paar Tagen Arbeit gefunden als Wachmann und gestern habe ich beim Internationalen Tennisturnier unten in der Stadt gearbeitet, es war mein erster Arbeitstag nach fast zwei Jahren Arbeitslosigkeit und ich musste sieben Stunden lang ein Dutzend Pavillons kontrollieren, in denen es Eis und Bier gab, aber sie waren schon mit Kabelbindern geschlossen, ich musste nur aufpassen, dass niemand etwas zu stehlen versuchte. Um drei Uhr morgens war ich dann fertig, habe meinen Volvo genommen und bin hier herauf in die Berge gekommen, das macht zirka siebzig Kilometer, wenn kein Verkehr ist und ich die Geschwindigkeitsbeschränkungen einhalte, brauche ich fünfzig Minuten, aber wenn kein Verkehr ist, was kümmern mich da die Geschwindigkeitsbeschränkungen, dann brauche ich fünfunddreißig Minuten. Also zuerst saß ich hier auf der Kloschüssel und sagte mir, ich sollte diese Dinge aufschreiben und andere, die mir passiert sind, zum Beispiel, dass ich vorher in der Bar Lepre Bianca war, hier im Dorf, die Barista Eurosia löste Kreuzworträtsel und ich trank ein Bier und las Zeitung, aber das mit dem Zeitunglesen war nur ein Vorwand, um Bier trinken zu können.

15.

Gestern ist eine üble Sache passiert. Vorgestern habe ich ihr eine Nachricht geschrieben, meiner Exfrau, sie soll dafür sorgen, dass mein Sohn mich anruft, wenn er ins Bett geht, so kann ich ihm Gute Nacht sagen, denn wenn ich anrufe, geht sie nicht dran, und er kann das noch nicht, sie muss für ihn die Nummer wählen. Also habe ich gestern Abend, als ich Wachdienst beim Tennisturnier hatte, auf den Anruf meines Sohnes gewartet, aber nichts. Dann nach einer Weile, nichts. Und wieder nichts bis 21 Uhr, bis ich dann geschrieben habe, Ruft ihr mich an? Schläft er?, und sie hat mir geantwortet, ich übersetze aus dem Englischen, warte einen Moment, ich lese vor, also, sie hat mir geantwortet, Er schläft es geht ihm gut heute ist er etwas müde ich sorge dafür, dass er dich morgen anruft, und ich habe ihr geantwortet, Wo schläft er denn?, und sie hat mir geantwortet, Nein du kannst nicht vorbeikommen deine Sachen holen, ich mache ein Abendessen mit Freunden. Ich werde misstrauisch, ich kenne sie nur allzu gut, also rufe ich sie an und merkwürdigerweise geht sie dran, Yes, und ich, Hör mal, es interessiert mich nicht, was du machst und wo du bist, aber ich will wissen, wo unser Sohn ist, und sie, Er ist bei Jennifer, er schläft bei Jennifer, und sie legt auf. Er schläft bei Jennifer... was für eine Jennifer? Welche? Wir kennen zwei oder drei Jennifers. Kann es die sein, die sich gerade scheiden lässt? Die? Nein, die kann es nicht sein, die wird um diese Uhrzeit mit anderen in irgendein Restaurant gegangen sein, bevor sie sich in ein Abschlepplokal stürzt... Also welche von den Jennifers? Es wird die Jennifer sein, die in der Nähe unseres Hauses wohnt, natürlich, ich rufe sie an, aber sie geht nicht dran. Wahrscheinlich arbeitet sie, sie arbeitet an der Rezeption eines Hotels, und wenn sie arbeitet, geht sie nicht dran an ihr Handy. Also rufe ich Francesco an, ihren Mann, Ja, dein Sohn ist bei mir und den Kindern, sie haben nämlich zwei Kinder, die mit meinem in den Kindergarten gehen, Willst du mit ihm sprechen?, Ja, ja, gib ihn mir,

Ciao Papi, wann kommst du wieder nach Hause? Ich spreche eine Weile mit ihm, bringe ihn zum Lachen und beruhige ihn und dann schreibe ich eine Nachricht an meine Exfrau, so geht das nicht, wenn wir vor den Richter gehen und das müsste in drei Tagen sein, dann spreche ich diese Sache an, dass du mir Lügen über unseren Sohn erzählst und ihn hier und da lässt, damit du dir Abende mit deinen Freunden leisten kannst. Ich werde es meiner Anwältin, der Samantha, sagen. Und wie ich es ihr sagen werde! Ich habe sie am letzten Freitag zum ersten Mal persönlich in ihrem Büro gesehen, die schöne Samantha, jung, nicht älter als dreißig, und kaum habe ich sie gesehen, war ich wie vom Schlag getroffen, ihre Klasse, ihre Professionalität, ihr Hintern, ihre Brüste. Mir gefiel die Art, wie sie mit dem Stift spielte, den sie zwischen den Fingern einer Hand rollte, während ich sprach, sie schaffte es sogar, ihn rotieren zu lassen, dann machte sie Notizen und in diesen Momenten konnte ich aufmerksam ihre Finger bewundern, kräftig, vielleicht treibt sie einen Sport, bei dem sie die Hände benutzen muss, vielleicht Volleyball. Die ganze Stunde, die wir meinen Fall besprachen, haben wir uns mal gesiezt, mal geduzt, aber am Ende habe ich zu ihr gesagt, Hör mal, Samantha, sagen wir doch einfach Du. Und das ist es, mehr oder weniger, was ich dachte, als ich auf meiner Kloschüssel saß, draußen ist es bewölkt und jetzt nehme ich ein paar Distraneurin und lege mich aufs Sofa und betrachte die Decke mit den Querbalken und die Spinnweben in den Ecken. Ich müsste mir Bücher besorgen und draußen bellt ein Hund.

16.

In einem Laden unten im Tal habe ich Orchideenerde gekauft, Blähtongranulat, Stöckchen und Töpfe aus transparentem Plastik, um meine Orchideen umzutopfen, auch wenn es überhaupt nicht die richtige Jahreszeit ist. Die richtige Jahreszeit wäre das Frühjahr, aber ich folge nicht dem, was die Kalender sagen, ich bin inzwischen überzeugt, dass die Jahreszeiten und die Volksweisheiten unserer Alten über das Wetter und die Jahreszeiten nicht mehr gelten, die Jahreszeiten und das Wetter sind inzwischen alle selbst vor die Hunde gegangen.

17.

Es stimmt wirklich, dass dich früher oder später das Karma anspringt. Mich hat es gepackt, als ich draußen im Gärtchen vor meiner Hütte war, das teilweise in der Ebene und teilweise am Hang liegt, das Gärtchen, und mittendrin die Pergola, wo vor ein paar Jahren die Uva americana wuchs, aber jetzt ist da nur Eisendraht, ich sollte etwas anpflanzen, damit ich im Sommer Schatten habe. Ich stand am Hang, ein schöner Holunderstrauch wächst dort und unter dem Holunderstrauch hatte ich vor ein paar Wochen eine Holzhütte für meinen Sohn gebaut mit Stangen und Brettern, die seit Jahren im Keller standen und die ich mich nie entschlossen hatte zu zersägen und im Kamin zu verbrennen. Heute Nachmittag bin ich hinausgegangen, um die Hütte anzustreichen, im Keller unten sind so viele dieser Farbdosen, der größte Teil ist eingetrocknet und ich müsste sie wegwerfen, wenn der Sondermüll abgeholt wird, aber dann suche ich weiter und schließlich finde ich Rot und Grün und Gelb. Während ich konzentriert am Anstreichen und mit meinen Gedanken weit weg war, es ist so entspannend zu malen, denn mit dem Blick folgst du der Bewegung des Pinsels auf und ab und da hin und dort hin, höre ich eine Stimme, He, Sie da, aber sie geht mir zum einen Ohr rein und zum anderen wieder raus und ich streiche weiter, dann wieder dieselbe Stimme, He, Sie da, und jetzt ist sie viel näher, also bohrt sie sich in mein Hirn, wer ruft mich denn da? Ich löse meinen Blick vom Pinsel und sehe mitten in meinem Garten... Verdammt noch mal, ich habe gerade neu gesät und da darf man mindestens zwanzig Tage nicht drüberlaufen, ich sehe eine Frau, mitten in meinem Gärtchen, auf dem neuen Gras, zehn Meter vor mir steht diese Frau um die vierzig, ich schaue sie verwundert an, wo kommt die denn her, die Haustür ist doch abgeschlossen? Ich schließe die Augen, wenn du sie nicht siehst, existiert sie nicht, ich habe sie gar nicht gesehen, wenn du sie nicht siehst, existiert sie nicht... He, Sie da, Sie sind in meinen Garten gestiegen und haben mir einen Rhododendron gestohlen, ausländischer Akzent, vielleicht Holländerin, es sind Holländer, die hier in die Ferien kommen, aber wie finden die denn in Holland dieses Dorf? Sicher findet man im Internet alles... Ich schaue sie an und kapiere innerhalb einer Tausendstelsekunde, denn hinter ihr, unten auf der Straße, taucht dieses Klatschmaul von Radio auf, das ist nicht ihr richtiger Name, aber alle nennen sie das Radio, weil sie ständig redet, die schafft es nicht einmal, still zu sein, wenn man still sein muss. Eines Abends vor vielleicht fünf oder sechs Tagen ging ich gerade durch das Gartentor eines Ferienhauses mit einer Rhododendronpflanze in der Hand und das Radio, die in ihrer Küchenschürze und mit den Holzschuhen an den Füßen einen Spaziergang machte, sah mich und sagte, Was für eine schöne Pflanze oder etwas Ähnliches, in diesem Ton, als wollte sie sagen, Sieh mal an, ich hab dich gesehen, wie du gestohlen hast. Und ich hatte ihr etwas geantwortet, aber ich weiß nicht mehr was. Da sagt die Frau mit ihrem holländischen Akzent wieder, dass ich sie gestohlen habe, die Pflanze, papperlapapp, sie geht mir schon auf die Nerven, mir ging es doch so gut, ich habe die Hütte meines Sohnes angestrichen und diese Ausländerin taucht plötzlich auf und zertrampelt mein neues Gras und unterbricht meine Gedanken, aber ich halte mich zurück mit Losbrüllen, denn die da holt die Polizei, ich habe Angst, dass sie dazu fähig ist, und die wissen doch überhaupt nicht, wie man einen Dorfstreit beilegt, also erfinde ich aus dem Stegreif eine verrückte Ausrede, dass ich Gärtner bin und an jenem Abend mit dieser Rhododendronpflanze nach Hause kam, die ich von der Arbeit mitbrachte... aber wie bin ich bloß darauf gekommen, ihr das zu sagen, jetzt muss ich auf dieser Linie weitermachen, also mache ich weiter und sage, dass ich von der Arbeit nach Hause kam mit dieser Pflanze in der Hand und dass mir die Rhododendren so gut gefallen wie auch der Rosmarin und die Azaleen zum Beispiel, Hauptsache sie sind immergrün, aber ich merke, dass ich abschweife und sie es nicht schluckt, sie schaut mich eindringlich an und bekommt einen nervösen Zug um den Mund. Diese Rhododendronpflanze hier, versuche ich zum Ende zu kommen und berühre die Pflanze mit einem Streicheln, ist mir aus der Hand gerutscht und vom Mäuerchen gefallen und unten in Ihrem Garten gelandet, also musste ich unbedingt durch Ihr Gartentor, um hinunterzugehen und sie zu holen und diese Frau da mit den Holzschuhen und der Küchenschürze, ich zeige auf das Radio und werde lauter, hat mich dann gesehen und papperlapapp, aber lassen Sie mich in Frieden, denn ich bin am Streichen und ich dachte gerade an etwas Tolles, aber jetzt weiß ich nicht mehr, was es war, und zertrampeln Sie nicht mein Gras, brülle ich. Als die Ausländerin brummend weggeht und dabei das Mäuerchen hinunterspringt und sich dann mit dieser Schnüfflerin von Radio entfernt, die anfängt zu reden, und ich beide sprechen höre, bis sie hinter der Kurve verschwinden, wasche ich mir die Hände, springe in meinen Volvo und mache eine Tour, ich fahre schnell und lange die Serpentinen hinauf und hinunter mit den Reifen, die auf dem Asphalt quietschen, und der Musik in voller Lautstärke und die Fenster heruntergekurbelt, dann halte ich an der Bar.

18.

Gestern Abend bin ich ins Internet gegangen, um merkwürdige Geschichten über Todesurteile zu lesen wie über diesen Typen in Amerika, der schon die Nadel in der Ader hatte, aber dann ist etwas mit der Injektionsmaschine schiefgelaufen, also haben sie ihm die Nadel wieder herausgezogen und ihn in die Zelle zurückgeschickt und im Vergleich dazu kann ich mich also gar nicht beklagen.

19.

Eurosia ist nicht da, aber ihre Mutter, und in der Bar sind nur sie und ich, im Fernsehen läuft eine nostalgische Sendung über Deutschschweizer Winzer, die in den Achtzigerjahren ins Tessin gekommen sind, um mit dem Merlot ein Vermögen zu machen. Und als ich ihr die beiden Biere bezahle, sagt sie mir, dass ich ihr auch noch drei weitere Biere zu bezahlen habe, die ich in der letzten Woche in Euro bezahlen wollte, Aber man kann doch nicht in Euro bezahlen, sagt sie zu mir, ich schaue sie schief an und da zeigt sie mir den Kassenzettel, wo ich meinen Namen draufgeschrieben habe, und ich erkenne meine Schrift, aber ich erinnere mich nicht, Entschuldige, das habe ich vergessen. Ich zahle und dann nehme ich meinen Volvo und fahre ins Tal hinunter, ich denke wieder an die Holländerin, an der Kreuzung biege ich ohne Grund nach rechts ab, vielleicht weil es das unmittelbarste Manöver ist, verdammt, sie ist auf meinem Gras herumgetrampelt, und ich stürze in die erste Bar, die ich finde. Da ist lateinamerikanische Musik in voller Lautstärke und ich werde von Rosaria bedient, deren Atem gut nach Pfefferminzkaugummi riecht, sie trägt ein zu eng anliegendes T-Shirt, das ihren Bauchnabel zeigt, wir sind doch in einer Bar in den Bergen und nicht unten in der Stadt, also wenn mich Rosaria bedient hat, heißt das, in bin in der Bar Posta, hier zeigen sie nicht die Winzer, sondern das Autorennen von Indianapolis und an der Spitze ist immer Hamilton, diesen Autos zuzusehen, mit der Musik, die hier läuft, und mit den Kommentaren der Formel-1-Experten, die Wein trinken und Karten spielen, aber auch Rosaria mit ihren Augen auffressen, da dreht sich einem nach einer Weile der Kopf und ich fahre wieder hoch in meine Hütte.

20.

Auf dem Dachboden bei den Großeltern hatte ich dieses Kinderbett von meinem Vater gefunden, das ihm sein Vater gebaut hatte und das nach meinem Vater das Bett von mindestens zwanzig oder dreißig anderen Kindern gewesen war, die es sich unter Verwandten und Freunden ausgeliehen hatten, und es war auch meines gewesen, ich hatte es nach Hause gebracht und deine Mama hatte Farbe gekauft, um es anzustreichen, und sie hatte es blau angestrichen, weil sie sich erträumt hatte, dass du ein Junge wirst.

21.

Morgen früh habe ich keine Verhandlung wegen der Trennung, auch wenn es der Amtsrichter noch nicht bestätigt hat, dass keine Verhandlung stattfindet. Da wir, ich und meine Anwältin, die schöne Samantha, eine Verschiebung beantragt haben und die Gegenseite mit der Verschiebung einverstanden war, fehlt jetzt nur noch die Zustimmung des Richters, der normalerweise, so sagt Samantha, keine Probleme macht, und dann ist alles verschoben. Ich muss einfach abwarten. Ich warte auch auf die Antwort der Sicherheitsagentur, die auf die Antwort einer Bank wartet, Ferrari hat mich neulich angerufen, um mir zu sagen, dass ich Wachmann bei dieser Bank in einem Gebäude unten in der Stadt werden könnte. Vorher habe ich Samantha am Telefon gesagt, morgen werde ein wichtiger Tag sein, also soweit es wichtig sein kann, Wachmann bei einer blöden Bank zu werden, wo ich nicht einmal weiß, um welche Bank es sich handelt, aber das würde keinen Unterschied machen, so wenig mich Banken überhaupt interessieren, aber Samantha sage ich das nicht, ich sage Samantha, Wenn ich von der Bank eingestellt werde, kann ich mir eine Wohnung in der Stadt suchen, um näher bei meinem Sohn zu sein, das habe ich ihr gesagt und sie hat mir gesagt, dass auch sie eine Wohnung sucht und dass sie seit einer Woche bei Freunden lebt, dass sie auf dem Sofa schläft, aber das ist eine lange Geschichte, hat sie kurz gesagt. Wenn ich das nächste Mal mit ihr telefoniere, lade ich sie irgendwo zu einem Kaffee ein, meine Anwältin, oder vielleicht auch nicht, denn ich weiß nicht, ob man so was zwischen Anwälten und Klienten tun darf. Und dann vor einer halben Stunde war ich in der Bar Lepre Bianca hier im Dorf, ich war in der Bar, um ein Bier zu trinken und Zeitung zu lesen, als Ferrari mich anruft und mir sagt, dass ich von morgen an für vier Tage die Einweisung in der Bank bekomme, und bevor ich meinen Dienst beginne, muss ich in der Zentrale vorbeikommen und meine Anzüge abholen, die ich tragen soll, die sind eleganter als bei meiner Hochzeit, diese Anzüge machen sie nach Maß, neulich hatte mir ein Schneider Maß genommen, die Arme die Beine die Taille die Kreide und die Nadeln wie im Film. Ich bin voller Termine, die darf ich nicht vergessen, also habe ich sie mir auf einen Zettel geschrieben, den ich in der Tasche habe, ich bitte Eurosia um einen Stift, sie gibt mir einen Bleistift und ich schreibe mit, He, Ferrari, sag mir noch mal, um wie viel Uhr, ich schreibe es auf und dann lese ich meine Termine, morgen muss ich sehr früh in die Stadt runterfahren, um acht, das ist früh für mich, ich muss nämlich um sieben losfahren, einen Termin mit Doktor Bianchi beim Sozio-Psychiatrischen Dienst, denn der letzte Psychiater, bei dem ich war, hat mich an diesen

Kollegen überwiesen und morgen will mich dieser Doktor Bianchi sehen.

22.

Das letzte Mal, dass ich von Scheidung reden hörte, war, als die Eltern eines Klassenkameraden in der siebten Klasse sich scheiden ließen. Die Eltern meiner Exfrau haben sich scheiden lassen, da war sie zwei Jahre alt, und eine Schulfreundin von ihr aus der Mittelstufe hat abgetrieben, als sie dreizehn war.

23.

Ich musste beim Psychiater Bianchi vorbeigehen, sie hatten mir gesagt, er sei hinter dem Krankenhaus unten in der Stadt, und in dieses Krankenhaus bin ich gegangen und am Empfang der Notaufnahme habe ich diese Krankenschwester gefragt mit den langen grauen Haaren, die mit einer Haarspange aus Holz hochgesteckt waren, Wo ist der Sozio-Psychiatrische Dienst?, und sie hat mir geantwortet, dass sie es nicht weiß, ich solle am Hauptempfang des Krankenhauses fragen, denn hier sei der Empfang der Notaufnahme, und da war eine Schlange von Menschen, manche saßen auf Sesseln aus Kunstleder und manche standen an die Wände gelehnt und ein junger Mann beklagte sich, Aah aoh, und die anderen sahen ihn schweigend an, wenn du dich in der Notaufnahme beklagst, weil du Schmerzen hast, rührt niemand einen Finger und die Leute schauen dich schweigend an, denn wenn du drankommst, kümmern sich ja die Ärzte darum, dich wieder auf die Beine zu bringen. Also gehe ich zu diesem anderen Empfang, nämlich dem am Haupteingang des Krankenhauses, und eine Frau sagt mir, ich solle aus dem Haupteingang hinausgehen, wo ich gerade hereingekommen bin, und nach rechts abbiegen und etwa dreißig Meter bis zu einem Kiosk gehen, dann nach dem Kiosk noch einmal dreißig Meter nach rechts weitergehen, Dann siehst du auf der rechten Seite zwei gleich aussehende weiße Gebäude und in einem der beiden ist der Sozio-Psychiatrische Dienst, aber sie weiß nicht, in welchem der beiden, ich solle lesen. Ich gehe hinaus und schon habe ich vergessen, was sie mir gesagt hat.

24.

Endlich finde ich alles, ich habe es kaum mehr ausgehalten, im Kreis um diese beiden Gebäude herumzugehen, von einem Empfang zum anderen. Ich komme also endlich am richtigen Empfang an, eine magere Frau sagt mir, Nehmen Sie Platz, wir rufen Sie auf. Ich setze mich auf einen Holzstuhl, da kommt hinter mir Doktor Bianchi, hageres Gesicht und struppiger Bart, kräftiger, entschlossener Händedruck, Guten Tag, klare Stimme, und er lässt mich Platz nehmen in seinem Arbeitszimmer, das ganz anders ist als die Zimmer der anderen Psychiater, die ich in den letzten Monaten besucht habe, hier ist alles unordentlich und mit vielen gebrauchten Möbeln und Doktor Bianchi ist eindeutig ein Linker, ungekämmt in Jeans und T-Shirt, vielleicht einer, der besser geeignet ist, Drogensüchtige zu betreuen als depressive Banker. Er stellt mir schnelle präzise Fragen, ohne ein Blatt vor den Mund zu nehmen, und kommt sofort zum Punkt, ohne sich aufzuspielen wie dieser andere Psychiater, der sich in seinen bequemen weißen Kunstledersessel von Ikea sinken ließ, offensichtlich gelangweilt, aber glücklich, den Terminkalender wie auch die Taschen voll zu haben, ohne sich sehr zu strapazieren. Dieser Bianchi aber lag mir sofort und es ist ihm sofort gelungen, in meine Gedanken einzudringen, ich habe gespürt, dass er eingedrungen ist, da ist dieses Gefühl, dass einer diese Dinge kapiert, und nach einer langen, für mich etwas peinlichen Pause, in der ich mich umgesehen habe und er vielleicht über das Vorgehen nachdachte, hat er einen Knopf von einem Gerät ähnlich wie ein Mikrofon gedrückt, Meine Liebe, könntest du bitte kommen? Und als sie kam, die Krankenschwester, auch sie links mit Sandalen, himmelblauen Fußnägeln und einer Kette mit Holzkugeln, hat Doktor Bianchi zu ihr gesagt, Meine Liebe, ich stelle dir unseren neuen Patienten vor, der nimmt Efexor und Distra und trinkt vier Liter Bier am Tag. Die Krankenschwester schaut mich an, Aha, sagt sie.

25.

Ich halte den Anblick der Krankenschwester nicht aus, mit diesem Aha, das ist, als hätte sie mir einen Schlag ins Gesicht verpasst, und ich wende meinen Blick von ihren blauen Augen ab und Doktor Bianchi heftet belustigt seinen Blick auf mich, was für mich ein weiterer Schlag ins Gesicht ist, dann öffnet er den Mund, Er mag Tabletten, er ist tablettensüchtig. Darauf werde ich melancholisch und fühle mich so klein, dass ich verschwinden möchte, Ich habe ihn gefragt, ob er nicht ein paar Monate in einer

Entzugsklinik bleiben möchte, fährt Doktor Bianchi zu seiner Kollegin fort, aber er hat gerade eine Arbeit bei einer Sicherheitsagentur gefunden und möchte sie nicht verlieren, da er seit zwei Jahren keine Arbeit hatte. Also, meine Liebe, bereitest du ihm bitte das Medi-7 vor? Später verlasse ich das Gebäude, in der Hand das Medi-7, was eine Plastikschachtel ist, die sieben kleine Plastikschachteln enthält, und in jeder sind vier Fächer. Das sind der Morgen der Nachmittag der Abend und die Nacht und in jedem Fach sind die ganz genauen Dosen, die ich von Distraneurin und von Efexor nehmen soll, eine nach der anderen vor meinen Augen abgezählt, Und vergessen Sie nicht, hier dürfen Sie nicht mehr nachlässig sein, hat mir Doktor Bianchi gesagt und die Krankenschwester hat es wiederholt und dann ist da dieses neue Medikament, Turnax oder so ähnlich, es ist ein Angstlöser und wird bald Distraneurin ersetzen, weil das Distra, so nennt es auch Doktor Bianchi, ist ein großer Mist, der den Patienten gut gefällt, sagte er zum Schluss. Das Distra gefällt mir wirklich gut, wie Doktor Bianchi sagt, aber bald ersetzen sie es mir mit diesem neuen Tarmax, das ist eine braune Pille, die so harmlos aussieht, dass sie vielleicht eine dieser Pillen aus Zucker ist, die sie den alten Leuten geben. Also kann ich jetzt nicht mehr zu anderen Psychiatern und in die Apotheken gehen, um mir mit Vorab-Rezepten das Distra geben zu lassen, weil niemand sie mir mehr ausstellt, sie haben mich wie unter Stadionverbot gesetzt, das sie den Fußballfans geben, die Schlägereien anzetteln, und jetzt bin ich an Doktor Bianchis eiserne Regeln gebunden, der mich jeden Dienstagmorgen mit dem Medi-7 sehen will, das er mit den Pillen füllt, in immer anderen Dosen, einige werden sich verringern und andere steigen. Und die Liter Bier müssen null werden, so hat er angeordnet und mir dabei direkt in die Augen geschaut. Null, und er machte die Null mit Zeigefinger und Daumen. Und versuchen Sie zu lächeln, Sie müssen dem Leben zulächeln, zwingen Sie sich ruhig dazu, am Anfang wird es hart, aber dann kommt es automatisch und Sie werden sich besser fühlen, und er machte dieses breite Lächeln wie ein Filmschauspieler.

26.

Mit meinem Schächtelchen unter dem Arm gehe ich in Richtung Zentrale der Sicherheitsagentur und links von mir sehe ich das Viertel mit dem Gebäude, das ein Jahr lang mein Zuhause war. Mir ist zum Kotzen. Ich bleibe an einem Brunnen stehen und schlucke die Tabletten für morgens und nachmittags, weil es vielleicht schon Mittag ist. Auf einen Schlag schlucke ich vier Distra, ein Tamax und ein Efexor. Zehn Minuten später bin ich ganz fröhlich in der Zentrale, Hallihallo Ferrari, sage ich mit einem breiten Lächeln im Gesicht, dass sich mir alle Kiefermuskeln zusammenziehen, wenn mich Doktor Bianchi sehen könnte… und bin bereit, meinen maßgeschneiderten Anzug in Empfang zu nehmen, um meine schöne Schicht zu beginnen, 14 bis 22 Uhr bei der Bank, aber da sagt mir Ferrari, dass ich heute nicht bei der Bank anfange und auch nie anfangen werde, Es tut mir leid, sagt er und schaukelt auf dem Sessel herum, neue Anweisung, es ist alles anders, heute fängst du unten im Zentrum bei der neuen Boutique von Bulgari an, die am See. Draußen auf dem Trottoir starre ich lange auf einen Punkt in der Ferne und möchte dort hineingezogen werden.

27.

Ich drücke die Zahnpasta auf die Zahnbürste, aber dann zögere ich und stoppe, die hellblaue Zahnpasta auf nicht einmal der Hälfte der verbogenen und abgenutzten Borsten, ich sollte sie wechseln, mir zittern die Hände, obwohl ich die Tablette für morgens schon genommen habe, habe ich sie schon genommen? Ich bin mir nicht sicher, ich gehe zum Medi-7, mal sehen, ja, ich habe sie genommen, und habe ich die Zähne schon geputzt? Ich gehe zum Spiegel und sehe nach, mein Atem lässt den Spiegel beschlagen, ich fahre mit der Zunge innen die Lippen entlang, schmecke aber nichts, auch nicht den Kaffee, den ich gerade getrunken habe, vielleicht, aber das kann ich nicht genau sagen, habe ich meinen Geschmack verloren, das ist eine der tausend Nebenwirkungen der Tabletten, Geschmacksverlust, Übelkeit und solche Sachen. Teller und Besteck, Töpfe, Gläser und Tassen habe ich gerade abgewaschen, sie tropfen hier ab, in der sauber geputzten Küche, die Espressokanne steht auf dem Elektroherd, sie ist lauwarm, noch etwas Kaffee, ich trinke ihn direkt aus der Kanne, dann putze ich mir die Zähne, vielleicht putze ich sie zum zweiten Mal.

28.

Gestern hatte ich meinen ersten Tag bei Bulgari, das war der Tag der Eröffnung, sie haben die Boutique gestern mit einem großen Fest eröffnet, Ehrengäste und berühmte Leute, sagten sie, aber der Einzige, den ich erkannt habe, war der Bürgermeister, da waren viele Frauen mit gemachten Brüsten, die zu ihren alten spindeldürren Ehemännern sagten, Oh mein Lieber, das da gefällt mir, kaufst du es mir? Für eine Stunde kam sogar, und er sah aus, als hätte er furchtbar schlechte Laune, Herr Bulgari persönlich, aber ich weiß nicht, ob es Signor Nicola war, wie ihn einige Angestellte nannten, oder ob es Signor Luca war, wie ihn andere Angestellte nannten, vielleicht sind Nicola und Luca die beiden Bulgari-Zwillinge und man verwechselt sie, habe ich mir gesagt, jedenfalls war der da ein elegant gekleideter Riese mit rotem und stinksaurem Gesicht. Er ließ sich blicken, schnitt mit einer Schere das Band durch, die Fotografen waren nicht mehr zu halten und alle applaudierten mächtig, er ließ sich ein paar Mal mit dem neuen Personal fotografieren, dann sagte er laut, während er zu seiner Entourage blickte, Gut, gehen wir. Seit gestern hat mich die Agentur als Wachmann der Bulgari platziert, ich muss morgens die Boutique öffnen und den Alarm deaktivieren, dann muss ich neun Stunden an der Tür stehen, die ich mit einer Fernbedienung in der Hand öffne und schließe, und dann am Abend mache ich den Laden dicht und schalte den Alarm ein. Eine Scheißarbeit, ich stehe da wie ein Schatten in Jacke und Krawatte und höre die Gespräche der vier Fachverkäuferinnen über Edelsteine und Krawatten, Taschen, Uhren, Halsketten und Ohrringe. Gestern bei der Eröffnung stand ich stocksteif da von neun Uhr morgens bis um halb zwei heute Morgen und spürte schon meine Augen brennen und meine Sicht war getrübt, aber ich glaube nicht, dass es jemand bemerkt hat. Jetzt bin ich vor Kurzem aufgewacht und meine Beine sind völlig erledigt, draußen sieht es aus wie im Herbst, aber es ist der zweite Sommertag, eine Katze schläft auf dem Kofferraum meines Autos und ich lasse das Fenster offen, um zu lüften.

29.

Ich stand zwischen der Haustür auf der rechten Seite, der Treppe, die nach oben führt, auf der linken Seite und der Klotür vor mir. Ich war aus der Küche gekommen und da stehen geblieben. Wenn ich hierhergekommen bin, dann wollte ich irgendwohin gehen. Ich muss nicht, also will ich nicht aufs Klo gehen. Nach draußen oder nach oben? Ich schaue nach links, es kommt mir nichts in den Sinn, ich schaue nach rechts, es kommt mir nichts in den Sinn. Wenn du nicht dran denkst, dann kommt es von allein, nicht dran denken, dann taucht es wieder auf... Nichts. Ich drehe mich um und tu so, als ob ich ein Fenster öffnen will, ich gehe wie jemand, der weiß, was er will, ich öffne es, schaue hinaus, dann schließe ich es wieder, setze mich hin und nehme das Buch in die Hand, das ich gerade lese, ich tu so, als würde ich zwei Zeilen lesen, dann lege ich es wieder hin und tu so, als müsste ich Geschirr spülen, dann gehe ich zur Treppe und setze den ersten Fuß auf die Stufe, aber noch immer kommt mir nichts in den Sinn, ich nehme eine weitere Stufe, immer noch nichts. Da drehe ich mich um, gehe drei Schritte und öffne die Haustür, gehe hinaus. Geduld. Es muss einen falschen Kontakt in meinen Gedanken gegeben haben und alles ist zu Nebel geworden, so wie es bei alten Röhrenfernsehern passiert ist, denen du dann einen Faustschlag geben musstest, damit sie wieder funktionierten. Ein Hund bellt, ich schrecke hoch und stelle fest, dass ich in Unterhosen mitten auf der Straße stehe.

30.

Ich bin wütend. Ich bin richtig wütend. Einen Moment vorher fuhr ich auf der Autobahn in Richtung Norden mit 220 Stundenkilometern, weil niemand da war, und die Musik dröhnte mir in voller Lautstärke im Kopf, ich trommelte mit den Fäusten auf das Armaturenbrett und brüllte meinem Volvo zu, Los los, der bei den 220 Stundenkilometern festsaß und nicht höher gehen wollte, obwohl ich Rückenwind hatte, ich sah, wie die Pflanzen sich bogen. Ich schaue auf den Kilometerzähler, schaue auf die Straße, schaue auf den Kilometerzähler, schaue auf die Straße, dann sehe ich vor mir einen weißen Wohnwagen und wechsle auf die Überholspur, bin dabei, ihn zu überholen, es ist ein alter Wohnwagen mit holländischem Kennzeichen, gezogen von einem Mercedes, ich fahre neben ihm, als von rechts mit einem Sprung ein riesiger Hirsch auftaucht, der mitten auf die Straße springt, die Holländer steuern brüsk nach links und ich steige mit beiden Füßen auf die Bremse und lenke selbst abrupt nach links und streife die Leitplanke und komme ins Schleudern und drehe das Lenkrad dahin und dorthin, dann, ich weiß nicht wie, finde ich mich ganz rechts auf der Standspur wieder, der Volvo fährt flüssig in der richtigen Geschwindigkeit, ich seufze auf und schaue in den Rückspiegel, die Autobahn ist leer, man sieht keinen Mercedes, der den Wohnwagen zieht, ich zwinkere mit den Augen und schaue weit im Spiegel zurück, aber wie ist das denn möglich, dass er einen Moment vorher da war und ich ihn gerade überholt habe, und dann war er nicht mehr im Spiegel, sage ich zu denen in der Lepre Bianca, denn ich bin danach in die Bar gegangen, um diese Geschichte zu erzählen. Felix schaut mich verstohlen an, dann dreht er seine Zigarette weiter. Sieh zu, dass du aufpasst, wenn du so schnell fährst, sagt Eurosia zu mir, früher oder später wird dich der Radar blitzen. Oh, in diesen Tagen passieren mir wahnsinnige Sachen, Sachen, die mich dazu bringen, meinen Volvo wie noch nie zu jagen, heute Morgen, als ich in die Stadt fuhr, habe ich 41 Minuten gebraucht, aber heute Abend bin ich in 33 zurückgefahren, Felix schaut mich an mit einem Gesicht, als hätte ich gerade geflucht, steckt sich die Zigarette in den Mund und geht dann hinaus, um zu rauchen.

31.

Heute ist Freitag, es ist Feiertag, aber ich habe trotzdem gearbeitet. Von 8 Uhr bis 16 Uhr musste ich die Bulgari-Boutique bewachen, während Arbeiter das Rollgitter des Haupteingangs reparierten, das auf halber Höhe feststeckte, die Leute mussten beim Rein- und Rausgehen den Kopf einziehen und ich sagte, Achtung der Kopf. In der Zentrale hatten sie mir gesagt, es sei eine kurze Arbeit von einer Stunde, also fahre ich um halb sieben los und lasse mein Medi-7 zu Hause. Um ein Uhr war ich schon angespannt wie das Fell einer Trommel, denn um zwölf sollte ich zwei Distra und ein Turmax nehmen. Und diese Arbeiter haben auch noch Mittagspause gemacht, die Idioten, Wo sein Bar, haben sie mich gefragt, ich habe sie begleitet und habe zwei Bier getrunken. Aber nicht nur deshalb bin ich wütend, neulich abends hat sie mich von der Polizei wegbringen lassen. Einfach so, es kamen zwei Autos, aus denen vier Polizeibeamte ausgestiegen sind. Verdammt, bin ich denn ein Mörder? He? Was bin ich denn, ein Krimineller? Ich komme zu meiner ehemaligen Wohnung nach zehn Stunden Wachdienst bei der Bulgari-Boutique, weil sie mir nach fast einem Monat nutzloser Versuche und Briefe an den Anwalt endlich erlaubt hat, einige meiner Sachen zu holen, und während ich an meinem ehemaligen Computer sitze, um etwas herunterzuladen und es auf meinen Stick zu speichern, wer kommt da an? Wer betritt da meine ehemalige Wohnung, während ich an meinem ehemaligen Computer sitze und sie nervös wie eine Fliege um mich herumschwirrt, unterstützt von einer der vielen Jennifers, die wir kennen, ich glaube, es ist die aus Minnesota, ebenfalls im Kampf mit ihrem Ehemann, sie streiten um Kinder Wohnungen Autos, wer kommt da? Er, der neue Freund, der von meiner Exfrau. Leute, hätte ich eine Kalaschnikow in der Hand gehabt, dann hätte ich ein Massaker angerichtet. Einfach so. Ich hätte ein Massaker angerichtet, das sage ich immer zu Doktor Bianchi, wenn er fragt, Guten Tag, wie geht es uns heute? Ein Massaker, antworte ich dann. Und dann ist die Situation wirklich eskaliert und Jennifer, diese Schlange von einer Amerikanerin, hat die Nummer gewählt und hat ihr das Telefon in die Hand gedrückt, meiner Exfrau, und ich habe nicht einmal mitbekommen, dass sie die Polizei gerufen hat, denn die Zeit flog so schnell dahin, während auch die Beleidigungen hin und her flogen, und dann kamen vier Polizeibeamte und haben mich hinausbegleitet, aus meiner ehemaligen Wohnung, erst einen Monat her, und das, was ich heruntergeladen hatte, blieb im Computer, hinaus aus dem grünen Viertel, das an den See grenzt, ein Viertel, das ich so geliebt und das mir so viel gegeben hatte, das mich jetzt aber ablehnt, mich zurückweist. Und ich hasse es jetzt. Wenn ich nur an den Namen denke, an die Leute, die herumschwirren, und die Bars, die Geschäfte voller unnützem Zeug und die Spaziergänge am Seeufer, die Parks, die Tauben mit Beinen wie Leprakranke und die Hunde, die hinpissen, wo es ihnen gefällt, und auf das Trottoir scheißen, wenn ich nur daran denke, wird mir übel.

32.

Ein- oder zweimal im Monat gingen wir zum Gynäkologen und jedes Mal sagte sie zum Gynäkologen, dass wir nicht wissen wollen, ob es ein Junge oder ein Mädchen ist, und jedes Mal, wenn wir zur Visite zum Gynäkologen gingen, war ich den ganzen Tag nervös und wegen der großen Nervosität konnte ich nicht sprechen, sodass der Gynäkologe vielleicht dachte, der da hat ja gar keine Lust, Papa zu werden.

33.

Heute fühle ich mich in Hochstimmung. Heute ist der 6. Juli, also fühle ich mich in Hochstimmung, aus welchem Grund, das weiß ich nicht. Zunächst einmal gehe ich heute nicht zu Bulgari und habe einen schönen warmen Ferientag. Kaum bin ich wach um halb sechs, und ich begreife nicht, warum ich jeden Tag, seitdem ich hier oben in der Hütte wohne, immer um diese Uhrzeit aufwache, kaum bin ich wach, bleibe ich noch eine weitere Stunde im Bett, wo ich mich hin und her drehe, und dann gehe ich in die Küche hinunter, um zu frühstücken, wie an einem Arbeitstag, als der Wecker meines Handys um halb sieben klingelt.

Ich mache mir einen schönen Kaffee und nehme ein Efexor und ein Distra, genau wie vorgeschrieben, und während ich die Zähne putze, lese ich den motivierenden Spruch, den ich mit einem wasserfesten Rot groß auf den Spiegel geschrieben habe, und während ich auf den Spruch schaue und die Zähne putze, fällt mir ein, das Gras zu mähen, aber es ist zu früh, auch wenn wir in den Bergen sind, die Menschen in den Bergen gehen früh schlafen und stehen früh auf und mähen das Gras auch am Sonntag. Ich betrachte den Garten mit seinen schönen Azaleen, den Rhododendren und den Rosmarinsträuchern, die nicht gut anwachsen, die Rosmarinsträucher, und sie sind schon fast alle trocken. Aber der Kiwi scheint gut Wurzeln zu schlagen, im Laufe von einem Jahr wird er mir die Pergola bedecken, ich habe ihn den Zürcher Nachbarn auf der anderen Seite der Straße gestohlen, sie kommen selten in die Ferien, und das weiß ich noch genau, ihn gestohlen zu haben, sie hatten gerade zwei oder drei neue Pflanzen gepflanzt, um diese alte zu ersetzen, ich weiß nicht, ob die, die ich genommen habe, männlich oder weiblich ist, sie ließen die alte Pflanze am Laternenpfahl wachsen und sie rankte sich hinauf, bis sie die Straßenlaterne verdunkelte, und der Gemeindearbeiter musste sie mehrmals im Jahr zurückschneiden, so gut ist sie gewachsen. Und auch diese Kiefer, sieh mal, was für eine Kiefer, eine Zwergkiefer, ich weiß nicht mehr, woher sie kommt, und ich weiß nicht, ob sie mir gefällt, sie sieht aus wie eine Pflanze aus der Stadt, für den Balkon, aber keine Bergpflanze. Ich gehe wieder ins Haus, nehme ein Turalmax mit einem Schluck Bier, nicht wie vorgeschrieben, ziehe mich an, dann lese ich noch einmal den großen Spruch auf dem Spiegel, dann betrachte ich noch einmal mein Gärtchen, dann werfe ich meinen

Zechiboy-Rasentrimmer an und mähe das Gras, wofür ich nur zwanzig Minuten brauche. Ich reche zusammen und stelle zufrieden fest, dass das, was bis vor ein paar Monaten ein Unkrautgarten war, jetzt ein englischer Garten ist. Ich gehe ins Haus und dusche, sehe nach, ob Post gekommen ist, aber es ist noch zu früh. Ich rufe Paola an, lasse es aber nur einmal klingeln, damit sie weiß, dass ich sie brauche, dass sie mich zurückrufen soll, dann muss ich die Hemden für die Arbeit waschen, denn seitdem ich bei Bulgari arbeite, muss ich auf mein Äußeres achten und das heißt, dass ich mich auch jeden Tag rasieren muss. Ich werfe die Dokumente zusammen, die mir noch fehlen, um sie an die Sicherheitsagentur zu schicken, mir fehlen drei Passbilder und die Geburtsurkunde und das Führungszeugnis. Dieses Zeugnis hatte ich schon persönlich bei der Gemeinde unten im Tal angefordert und jetzt muss ich sie auffordern, schnell zu machen. Ich rufe unten im Tal an, aber es geht niemand dran, dann rufe ich im Rathaus unten in der Stadt an, um die Geburtsurkunde anzufordern, und sie sagen mir, ich müsse persönlich vorbeikommen, weil ich ein Formular ausfüllen muss, das sagen sie mir. Wann schließt ihr, frage ich. Um fünf. Okay, also komme ich heute vorbei, weil ich sowieso in die Stadt kommen muss. Ich muss mich nur noch fertig machen, rufe noch einmal bei Paola an, dann steige ich ins Auto und fahre los.

34.

Sie hatten ihr eine Kapuze übergezogen und ihr die Hände hinter dem Rücken zusammengebunden. Das zu sagen, hätten sie sich sparen können, das war ja deutlich zu sehen, und sie hatten ihr die Fußgelenke zusammengebunden, auch das sagten sie, aber das musste nicht unbedingt stimmen, und ich habe daran gezweifelt, dass es stimmte. Und das war es, was dort im Hintergrund zwischen den Steinen und dem trockenen Gestrüpp lag, ein weißer Sack, hingestellt an einen trostlosen von Gott vergessenen Ort. Im Vordergrund konnte man etwa zwanzig Männer, auch Jugendliche, sehen, sie sprachen aufgeregt, eine Sprache, die nicht zu verstehen war, einige sprachen laut, als würden sie streiten, ihre schmutzigen Hände hielten Handys und ein Mann hielt ein Gewehr, eine Kalaschnikow, das war gut zu sehen, dieses Gewehr lässt sich gut erkennen. Der mit dem Gewehr machte dann zwei Schritte von der Gruppe weg, hob die Waffe in Richtung des weißen Sacks dort hinten und zielte und die anderen fingen an zu schreien wie Affen in der Falle, dann eröffnete der Mann das Feuer und tötete die ehebrecherische Tochter, das sagten sie. Was für eine Tochter?, fragt mich Felix, der sich gerade eine Zigarette dreht. Ich schaue ihn an, friedlich wie ein Bär und Lichtjahre von den Dramen entfernt, die den Planeten heimsuchen. Ach, komm, lass mich diese Zigarette rauchen gehen, er steht auf und geht aus der Bar und ich bleibe sitzen und starre auf das Päckchen Tabak, auf die Filter und die Zigarettenpapierchen. Wie können manche Leute bloß die Scheiße, die täglich auf die Welt fällt, einfach so an sich abgleiten lassen?

35.

Ich bin noch nicht einmal unten im Tal angekommen, als Paola mich anruft und mich mit ihrem Nervkram von

Anwälten Überweisungen chinesischen Banken und von Arthrosebeschwerden und geschwollenen Knöcheln bombardiert, und ich versuche sie zu unterbrechen, während sie noch drauflosredet, denn sie will von der Sache mit den Schulden ablenken, und ich sage ihr, Wenn ich heute vorbeikomme, wie viel kannst du mir geben? Gestern hast du mir gesagt, du kannst mir die restlichen 360 geben, aber sie redet weiter, Hör mal, ich kann nicht mehr, heute Morgen musste ich schon tausend Dinge erledigen und jetzt sind meine Knöchel geschwollen, ich musste... Wenn ich in einer Stunde komme, wie viel?, unterbreche ich sie. Nein, ich muss gleich zum Arzt... Egal, sage ich ihr, leg einen Umschlag unter die Fußmatte. Ja, ja, genau, gut, machen wir es wie letztes Mal, ich lege einen Umschlag unter die Fußmatte und schreibe darauf Übersetzungen. Mit dieser Paola, die elektronische Bauelemente aus China importiert und sie in den Rest der Welt vertreibt, hatte ich gearbeitet, zusammen mit meiner Exfrau, Übersetzungen aus dem Italienischen ins Englische und umgekehrt, Telefonate nach China und Amerika und Holland und Argentinien undsoweiter undsofort und ich war auch Assistent und Chauffeur, einmal habe ich sie begleitet an einen Ort in der Nähe von Verona, wo sie beinahe handgreiflich wurden, weil sie diesen Typen viele Tausend Euro schuldete und sie mit mir hingefahren war, weil sie Angst hatte, allein hinzufahren, aber hätte sie mir das vorher gesagt, wäre ich ums Verrecken nicht mitgefahren. Wir waren dann im Büro des Chefs, das war eine Kabine innerhalb einer Fabrik, und dieser wurde laut, da nahm mich Paola als Schutzschild, mein Geschäftspartner, sagte sie über mich, Was heißt hier Geschäftspartner, sagte ich zu ihnen, und alle drei fingen wir an, uns aufzuregen, ich über sie, er über sie, er über mich und dieser Typ drückte auf die Taste eines Geräts wie das von Doktor Bianchi und brüllte, Komm sofort her, und einen Moment später öffnete sich die Tür und ein stämmiger glatzköpfiger Mann kam herein, der sich an die Tür lehnte, Also jetzt seid vernünftig und wir lösen das Problem, wenn wir alle auf zwei Beinen dieses Büro verlassen wollen, denn von hier kommt keiner raus, sagte er und schlug mit der Faust an die Tür, um seinen Worten Nachdruck zu verleihen. So haben meine Exfrau und ich mindestens drei Jahre für Paola gearbeitet und wir wurden unter der Hand bezahlt, aber dann hatte sie aufgehört, uns zu bezahlen, und nach mehreren Monaten nicht bezahlter Arbeit hatten wir die Geschäftsbeziehungen unterbrochen und ich fing an, sie zu bedrängen, um das Geld der nicht bezahlten Monate zu bekommen. Es sind zwei Jahre und sieben Monate vergangen und es fehlen noch 360 Franken. Okay, sage ich zu ihr, ich komme in einer Stunde vorbei. Dann komme ich unten im Tal an und Ferrari von der Zentrale ruft mich an, um mir zu sagen, dass ich ab Montag nicht mehr bei Bulgari bin, sondern bei Versace. Okay, sage ich zu ihm, was ändert das? Nichts, sagt er, gleiche Arbeit, sie haben einen Wachdienst für den Sommer verlangt, du musst am Montag um zehn vor zehn in Uniform 13 dort sein, der eleganten mit Jacke und Krawatte, aber dann geben sie dir ihre Uniform. Von Versace?, frage ich. Ah ah ah, sagt Ferrari. Du musst von Montag bis Samstag arbeiten und dann... warte, ich fahre rechts ran, sage ich zu ihm, wo ist der Kugelschreiber, sage ich mir, er war hier, wo habe ich ihn hingelegt? Da ist er, Also wiederhole es, ich schreibe mit. Er wiederholt und ich schreibe es auf meinen Zettel, wo ich alle meine Dinge aufschreibe, die ich tun muss, Und dann musst du von 10 Uhr bis 18.30 Uhr arbeiten, sagt er, aber du musst dich nicht um die Alarmsysteme kümmern, denn darum kümmern die sich, sie haben nur höchste Diskretion und gutes Äußeres verlangt, also rasiere dich und so, in Ordnung? Besser als bei Bulgari, wo ich den Alarm ein- und ausschalten musste. Ich beende das Gespräch, während ich auf die Autobahn fahre.

36.

Vor ein paar Tagen habe ich gemerkt, dass ich mich nicht mehr anschnalle, keine Ahnung, weil ich mich für unzerstörbar halte vielleicht oder weil ich die Schnauze von allem und allen voll habe. Aber vermutlich vergesse ich einfach nur, mich anzuschnallen.

37.

Ich komme in die Stadt, fahre bei Paola vorbei, um den Umschlag unter der Fußmatte zu holen, drinnen sind hundert Franken. Dann gehe ich mir ein neues Paar elegante flache schwarze Schuhe mit Gummisohle kaufen, wie es vorgeschrieben ist. Ich gebe 89 Franken aus. In der Tasche bleiben mir noch 35. Die Schuhe, die ich bei Bulgari getragen habe, sind nicht vorschriftsmäßig, aber niemand hat etwas gesagt. Schwarz ist schwarz, aber sie sind hoch wie ein Wanderschuh und haben Ledersohlen und die linke Sohle hat ein Loch, so oft bin ich damit herumgelaufen, dass bei Regen Wasser hineinläuft, und außerdem bekomme ich darin Schweißfüße. Aber mir bleibt nur noch wenig Geld, der Tank des Volvos ist fast leer und der Lohn kommt erst in acht Tagen. Für einen Moment überlege ich, ob ich eine Militärdecke ins Auto lege und zum Schlafen hier in der Stadt bleibe. Ach was, ich habe schon Schlimmeres durchgemacht. Ich steige ins Auto, ich muss zu Doktor Bianchi, das ist einen halben Kilometer von dort, wo ich gewohnt habe, aber allein beim Gedanken daran wird mir übel und plötzlich fühle ich mich nicht in der Lage, Auto zu fahren. Ich bleibe stehen, wo es gerade geht, vielleicht parke ich den Volvo mit zwei Rädern auf dem Gras eines öffentlichen Parks, das Medi-7 ist leer, ich gehe zu einem Brunnen und wasche mir das Gesicht, es packt mich eine übertriebene Lust zu kotzen, alles hinauszubefördern, alles, bis ich ohnmächtig bin, mich dann ins Nichts aufzulösen, und auf dem Trottoir neben dem Laternenpfahl hat es lauter kleine weiße Scheißhaufen und auf der Straßenlaterne schnappen zwei Möwen frische Luft.

38.

Mein Doktor Bianchi empfängt mich mit einem Lächeln, Also, wie geht es uns? Ich habe diese Frage erwartet und habe mir daher die Antwort schon zurechtgelegt. Es geht uns, dass ich mich wie in einer Zentrifuge fühle, nicht wie ein Massaker, einen Moment fühle ich mich froh und einen Moment fühle ich mich wütend, einen Moment bekomme ich Lust, alles sein zu lassen und ein Flugzeug zu nehmen und weit weg zu fliegen, und einen Moment habe ich Lust zu weinen, weil mir mein Sohn fehlt. Doktor Bianchi betrachtet mich einen Augenblick lang, dann sagt er mir, dass dies alles gut ist, weil es heißt, dass ich diesen schwierigen Moment meines Lebens verarbeite, sagt er. Es wäre vielmehr beunruhigend, fügt er hinzu, wenn Sie nichts spürten, wenn Sie diesen Abschnitt wie ein Zombie durchleben würden. Aber dieses Hin und Her von Gemütszuständen bedeutet, dass Sie die Trennung verarbeiten. Dieser Doktor Bianchi ist wirklich klug, aber ich gebe es ihm nicht zu verstehen. Dann gehen wir dahin, wo die Krankenschwester mir die Pillen vorbereitet, und während sie diese vorbereitet, bewundere ich ihre Hände, sie hat schöne schmale Finger, die mich beeindrucken, ich betrachte sie, sie bewegen sich schnell und präzise und sie trägt sechs Ringe mit violetten und grünen und hellblauen Steinen, die tick tick machen, wenn sie sich berühren, und Doktor Bianchi gibt ihr ein neues Rezept für ein Schlafmittel, dessen Name mir entgeht und das mich wenigstens so lange schlafen lässt, bis der Wecker um halb sieben klingelt, ich hatte ihm nämlich gesagt, ich weiß nicht warum, aber seitdem ich oben in der Hütte wohne, wache ich immer um halb sechs auf.

39.

Ich war bei der Arbeit und deine Mama musste zu einer Untersuchung ins Krankenhaus gehen, denn sie war zwei oder drei Tage über den Termin, und ich war also bei der Arbeit und um zehn Uhr rufen sie mich vom Büro an und sagen mir, dass deine Mama am Telefon ist, und sie sagt mir, Bist du bereit, Vater zu werden? Das, mein Sohn, und ich wünsche dir, dass du das erleben kannst, ist das Schönste, was eine Frau überhaupt zu dir sagen kann.

40.

Heute ist der 10. Juli, ich bin hier bei Versace und draußen ist es voller Touristen, die hin und her durch die Stadt bummeln. Fünfzig Meter von hier ist Bulgari, wo ich bis letzten Donnerstag gearbeitet habe. Ich trage einen schönen Anzug aus Cool Wool, das habe ich auf dem Etikett gelesen, und er kostet mehr als zweitausend Franken und ist ganz schwarz, sogar die Krawatte. Den Knoten kann ich nicht, ich habe die Verkäuferin gefragt, sie heißt Stefy, aber auch sie kann ihn nicht gut, und sie sagte mir, dass auch der andere Verkäufer, der Manuel heißt, und nicht einmal die Filialleiterin Sabina oder Sabrina ihn gut können. Später am Tag ist dann zum Glück, was für ein Zufall, der gekommen, der die Schaufenster von Versace macht, er macht die Schaufenster einiger Versace-Läden in Europa, etwa fünfzehn, sagte er mir, er ist immer unterwegs, im Zug, im Flugzeug, er fährt auch nach London, sagte er mir mit einem Unterton, um mir zu verstehen zu geben, dass London vielleicht das begehrteste Ziel derer ist, die Schaufenster machen, und ich habe ihn gebeten, mir den Knoten in die Krawatte zu machen, seit Jahren macht er den doch den Schaufensterpuppen von halb Europa und da soll er nicht fähig sein, ihn mir zu machen? Ich werde aufpassen, dass ich die Krawatte vorsichtig abnehme, so habe ich immer einen gemachten Knoten. Ich stelle mich vor die Tür und schaue nach draußen, die Leute, die vorbeigehen, laufen stur geradeaus, mit gesenktem Blick, den Blick aufs Handy. Manch einer dreht den Kopf und wirft einen Blick in die Boutique. Ein Mädchen zieht meine Aufmerksamkeit auf sich, sie ist etwa so alt wie mein Sohn, und ein Mann um die siebzig, ihr Großvater?, hält sie an der Hand. Das

Mädchen betrachtet mich auf der Höhe ihrer Augen, sie betrachtet meine Schuhe und meine Hosen, ich halte die Luft an und bewege mich nicht, ich spiele eine Puppe, sie blickt hoch zur Krawatte, und als sie schließlich meine Augen kreuzt, zwinkere ich ihr zu. Sie macht einen Sprung zurück, aber dann lächelt sie und sagt etwas zu ihrem Großvater und deutet auf mich, der Großvater geht desinteressiert weiter. Als sie sich umdreht, um mir noch einmal ins Gesicht zu schauen, winke ich ihr zu.

41.

Heute Morgen, bevor ich die Schicht bei Versace anfing, war ich bei Coop, um ein Spielzeugauto für meinen Sohn zu kaufen. In dieses Geschäft war ich immer mit meiner Exfrau einkaufen gegangen. Zuerst, als ich durch die Regale ging, packte mich eine große Wut, als ich dann zum Haus ging, wo ich gewohnt hatte, um das Spielzeugauto in den Briefkasten zu werfen, fing ich an zu weinen und dachte an Doktor Bianchi, der sagt, ich würde verarbeiten und sei kein Zombie. Jetzt bin ich hier bei Versace und sitze auf einem Stuhl von Versace, den er selbst entworfen hat, sagte mir Stefy, Ah ja, sagte ich, ich dachte, er entwirft nur Kleider... Seit zwei Stunden schon kommt kein Kunde, wie schaffen es Stefy und Manuel und die Filialleiterin Sabrina oder Sabina, an diesem Ort bis zum Abend durchzuhalten? Sie legen auch schöne Musik auf, dann plaudern sie ein wenig, aber meistens verbringen sie die Zeit, indem sie aus dem Fenster schauen wie Affen im Zoo. Ich hoffe, dass meinem Sohn das Auto gefällt, obwohl er ein schwarzes Kampfflugzeug wollte, eines von denen, die nicht vom

Radar erfasst werden, aber das, was wir bei Manor gesehen haben, gibt es bei Coop nicht.

42.

Ich eile nach Hause, um mich umzuziehen, und bin in Windeseile im Krankenhaus, und als ich deine Mutter sah, haben wir uns umarmt, ohne irgendwas zu sagen, denn es gab wirklich nichts zu sagen, das war einer dieser Momente im Leben, den man nur mit den Emotionen erleben darf.

43.

Ich schrieb gerade auf ein Blatt mit dem Logo von Versace, dass ich am vergangenen Samstag am Eingang des Kongresshauses am Arbeiten war, als Stefy mir sagte, ich solle das nicht machen, während der Arbeit schreiben, ich solle vor der Glastür strammstehen, Stillgestanden!, so sehen die Leute dich und wissen, dass wir einen Wachmann haben, sagte sie, aber was heißt hier Wachmann, habe ich gedacht, wenn ich stockstein dastehe, sehe ich eher aus wie eine Schaufensterpuppe, und überhaupt, wenn jemand reinkommt, um etwas zu stehlen, was kann ich da machen, ich habe Pfefferspray, aber lassen wir das, also wenn jemand reinkommt, um zu stehlen, bleiben wir ruhig, ganz ruhig, bitte schön, stehlen Sie nur und gehen Sie wieder, ohne uns wehzutun… Jetzt schreibe ich wieder, aber ich bin in der Mittagspause, nur dreißig Minuten, ein Kollege hat mich abgelöst, der um ein Uhr mit seinem Wachdienst bei einer Bank hier in der Nähe fertig ist, er löst mich ab

für meine Mittagspause, dann hört er auf und geht nach
Hause. Ich bin am Seeufer in meinem schönen Cool-Wool-
Anzug von Versace für über zweitausend Franken, sitze auf
einer schönen glatten und sauberen Granitbank und habe
Hunger und habe zwei Franken und 65 Rappen in der
Tasche, also werde ich zwei Bananen und ein Brötchen bei
Coop kaufen, ich habe nämlich nachgerechnet und müsste
damit hinkommen. Für heute Abend habe ich dann kein
Geld für den Bus, ich parke am Stadion, wo es für 24 Stun-
den gratis ist, aber es ist außerhalb des Zentrums, zwanzig
dreißig Minuten zu Fuß. Manchmal nehme ich den Bus
und bezahle fast nie, von mir will der Fahrkartenkontrol-
leur nie die Fahrkarte sehen, weil ich die Uniform der
Sicherheitsagentur trage, und zwischen Männern in Uniform gibt es ein ungeschriebenes Bündnis oder etwas in der
Art, zumindest will ich das glauben. Wenn ich bei Versace
Feierabend mache, ziehe ich den Cool-Wool-Anzug aus
und muss die Uniform der Agentur anziehen und darf sie
erst wieder ausziehen, wenn ich bei mir zu Hause bin, das
ist Vorschrift. Vorher war ich dabei zu schreiben, dass ich
am letzten Samstag am Eingang des Kongresshauses gearbeitet habe, wo dieser internationale Tumor-Kongress war,
und da waren die besten Onkologen der Welt und ich
musste kontrollieren, dass diejenigen, die hereinkamen,
einen Pass hatten, ein Plastikschild am Hals mit einem
Foto und ihrem Namen. Am Seeufer fühlt man sich wie in
den Ferien. Ein Typ von einer dieser Firmen, die Werbeplakate aufhängen, wischt mit seiner Bürste über ein Plakat
einer schon beendeten Ausstellung, dann entfaltet er ein
neues Plakat und klebt es über das alte. Während er die
Bürste auf und nieder wischt, wird die Werbung für ein
Blumengeschäft sichtbar. Und Sie, wem schenken Sie

morgen eine Blume? Als er seine Arbeit erledigt hat, geht er zwei Schritte zurück und betrachtet noch einmal das Plakat, wir betrachten es beide eine Weile zusammen und dann sagt er zu mir, Das letzte Mal, dass ich meiner Frau eine Blume geschenkt habe, hatten sie den Gotthardtunnel noch nicht gebaut, hahaha, aber sein Lachen ist wenig überzeugend, als ob er das schon seit Jahren sagt, und die Wirkung, die es die ersten Male hatte, ist verflogen. Ich gehe mir die zwei Bananen und das Brötchen kaufen, aber jemand, der wie ich gekleidet ist, müsste es sich erlauben können, zusammen mit den Bankern und den Anwälten dieser Stadt Sushi essen zu gehen.

44.

Ich bin schon zigmal im Krankenhaus gelandet, sogar für drei Operationen. Sie ist nie krank, nicht einmal eine Grippe, die australischen Antikörper müssen einen Schutzpanzer haben, von dem unsere Schweizer nur träumen können, also hoffe ich, dass auch unser Sohn wie sie sein wird, denn trotz allem ist das Leben großartig.

45.

Ich bin nach hier oben gegangen, um die Fenster zu öffnen und die frische Luft hereinzulassen, die abends vom Berggipfel herabweht. Herein kommt auch das Wiehern von Retos Eseln. Unten ist mein Sohn, der sich Dinosaurier von Disney ansieht, und vor einem Moment habe ich eine Nachricht von Manuela bekommen, die mir sagt, Ciao, warst du gestern mit deinem Sohn zusammen? Ich antworte, dass ich ihn am Samstagabend nach der Arbeit holen gegangen bin und er bis morgen früh bei mir bleibt, Denn um neun Uhr geht er in den Kindergarten, schreibe ich ihr, und ich habe frei. Als ich diesen Satz schrieb, klingelte unten das Festnetztelefon und mein Sohn rief, Papi, Telefon!, und ich zu ihm, Geh du dran!, und er rief, dass er nicht kann, dass er Trickfilme schaut, und das Telefon klingelte und die Dinosaurier von Disney brüllten und ich verlor die Kontrolle und wurde lauter, Geh ans Telefon und hör auf zu schreien, ich bekam einen Wutanfall, weil ich wusste, dass es seine Mutter war, die anrief, um ihm Gute Nacht zu sagen, und tatsächlich klingelt nach zwei Sekunden mein Handy und auf dem Display lese ich ihren Namen, hole tief Atem und antworte ruhig. Wo ist er, fragt sie mich barsch, und ich sage ihr, Ruf ihn noch einmal an, er ist unten... Sie legt wieder auf. Zwei Sekunden und das Telefon unten klingelt und dann höre ich, dass mein Sohn drangeht. Und so ist das auch heute Abend gelaufen, es muss nämlich auch bei den einfachsten Dingen immer ein Körnchen Drama dabei sein. Aber wie sagt mir Doktor Bianchi, man darf nicht erwarten, dass man zusammen ein Schloss wieder aufbauen kann, wenn man sich nicht einig ist, und das mit den Ziegelsteinen, um das Schloss aufzubauen, sagte mir auch Samantha, deren Schloss vielleicht auch zusammengebrochen ist. Einmal hat sie mich angerufen, um mich nach einigen Details zu fragen, aber auch, um mit mir wie unter normalen Freunden zu sprechen. Sie rief mich an, als ich bei Versace war, und ich sagte ihr, sie müsste mich im schwarzen Cool-Wool-Anzug von Versace sehen, ein stattlicher Mann, der vor der Glastür die Puppe spielt, die Passanten fallen darauf rein, zuerst betrachten sie den Anzug, dann lachen sie und erschrecken, wenn sie merken, dass ich keine Puppe bin, auch wenn ich es sehr gut schaffe, stocksteif dazustehen. Und wenn ich die Puppe spielte, zog ich die Aufmerksamkeit schöner Mädchen auf mich, bis dann eine von ihnen sogar anfing, mehrmals am Tag hin- und herzugehen, und mir jedes Mal einen langen Blick und ein breites Lächeln zuwarf, die muss in einer der Boutiquen in der Nähe arbeiten und ab und zu herauskommen, um eine Zigarette zu rauchen, und durch sie wird mir im Innern ganz warm, diese Wärme, die ich seit Monaten nicht mehr verspürt habe und die vielleicht die Wärme der Liebe ist, oder vielleicht war mir auch nur warm, weil es Sommer ist. Aber das habe ich Samantha nicht erzählt.

46.

Jetzt kümmern Sie sich nur darum, dass Sie vorankommen, denn Sie müssen vorankommen, und Sie müssen vor allem für sich selbst vorankommen, sagt mir Doktor Bianchi, denn sonst könnten Sie bald von hier oben aus dem fünften Stock herunterspringen, er steht auf und geht zum Fenster und schaut nach unten und lässt etwas Zeit vergehen, drei oder vier Sekunden, vielleicht fünf oder sechs, wie es ein Schauspieler tun würde, der etwas Wichtiges, das er gerade gesagt hat, ordentlich wirken lassen will, Und dann sind Sie es Ihrem Sohn schuldig, sagt er plötzlich, während er sich umdreht, vergessen Sie Ihre Frau, vergessen Sie sie, sagt er und gestikuliert und geht im Zimmer hin und her. Es wird schwierig, schmerzhaft, es braucht Zeit, aber Sie müssen sie vergessen, das hat mir Doktor Bianchi gesagt, der eine Rolle in einem Film zu spielen schien, oder es kam mir so vor, weil ich manchmal den Eindruck habe, selber in einer Fiktion zu leben, die von wer weiß wem gesteuert wird... es braucht Zeit, sagt er, Zeit... zuerst gibt sie dir etwas, die verfluchte Zeit, und dann kommt sie und nimmt es dir wieder weg... Warum machen die das? Ich drehe mich um und sehe meinen Sohn, ich habe ihn nicht die Treppen heraufkommen gehört, an meine Exfrau zu denken, das hat mich hier vor dem offenen Fenster festgehalten, meinen Blick aufs Geratewohl nach draußen gerichtet. Warum machen die das?, sagt er noch einmal. Was, sage ich. Die Esel, warum machen die das? Oh, Retos Esel, die wiehern. Die machen das, weil sie uns gehört haben. Er schaut mich an, als würde er es nicht schlucken. Ja, sie haben uns gehört und sagen uns, wir sollen sie besuchen kommen. Also lass uns gehen. Es ist dunkel. Ich habe meine Toy-Story-Taschenlampe, lächelt er mich an. Okay, gehen wir.

47.

Mir ist wieder passiert, dass etwas nicht richtig funktioniert an meinem Volvo, dieses Mal ist es die Temperaturanzeige beim Kühlwasser, der Zeiger steigt bis zur roten Linie, wenn mir jetzt der Motor schmilzt, ist das nicht der richtige Moment, ich habe schon genug Ärger. Also fahre ich seit vier oder fünf Tagen herum und beobachte diesen Zeiger, der besonders dann steigt, wenn es zu heiß ist oder ich mit einer höheren Drehzahl als dreitausend fahre. Und in diesen Tagen ist es immer um die dreißig Grad und ich muss dann die Heizung voll aufdrehen, wie es mir Tiziano gesagt hat, der etwas mehr von Motoren versteht als ich, denn wenn du die Heizung anstellst, kühlt der Motor ab, ich glaube, er hat genau das gesagt, auch wenn es mir vorkommt, als hätte er das erfunden, um sich wichtig zu machen, und er hat mir auch gesagt, dass es entweder das Kühlwasser ist, das vielleicht leckt, oder dass ich den Ölstand kontrollieren muss. Und ich habe es kontrolliert, Öl und Wasser sind vorhanden, also passt es mir eigentlich nicht, ihn in die Werkstatt zu bringen, damit sie mir sagen, dass dies oder das ausgewechselt werden muss, dass es etwas Ernstes ist, ich habe momentan kein Geld, aber bald werde ich das tun müssen, denn ich fahre mit neunzig Stundenkilometern auf der Autobahn mit der Heizung voll aufgedreht und offenen Fenstern und Metallica in voller Lautstärke und brauche anderthalb Stunden, um zur Arbeit zu fahren und auch um nach Hause zu kommen. Fehlt nur noch, dass mir der Motor schmilzt, um nur ein Beispiel zu nennen.

48.

Ich bin wieder mit diesem Gefühl aufgewacht, ab und zu wache ich nämlich mit diesem Gefühl auf, einen Rhododendron gestohlen zu haben, und da bin ich die Treppe hinuntergerannt und habe in den Garten geschaut, aber nichts, es war nur ein Traum. Lebhaft, aber dennoch nur ein Traum.

49.

Ich parke meinen Volvo im Schatten, es ist schon höllisch heiß, ich muss in den fünften Stock hinauf, um mir das Medi-7 auffüllen zu lassen, es ist schon wieder Dienstag.

Ich eile in den Lift, der sich gerade schließt, und drinnen ist ein Typ, der schlechter dran zu sein scheint als ich, voll mit Weißwein und das um neun Uhr morgens, auch er will in den fünften Stock. Während der Liftfahrt klingelt mein Handy, ich sehe, es ist Francesco, Sag schon, antworte ich. Dottore, sagt er zu mir. Ich steige aus dem Lift und gehe zum Empfang, Ich muss Nachschub holen, sage ich zur Empfangsdame. Nachschub für was, fragt mich Francesco. Nehmen Sie Platz, ich lasse Sie gleich aufrufen, sagt mir die Dame. Was hast du mir zu erzählen, Francesco? Was ich dir zu erzählen habe? Ich erzähle dir, dass auch diese andere Mannschaft, die gerade abgestiegen ist, alle Spiele haben will, also geht es schon an diesem Freitag mit dem Filmen los, bist du dabei? Ja, ich bin dabei, an diesem Freitag muss ich nämlich nicht arbeiten, Darf ich diesen Stift nehmen?, frage ich die Dame am Empfang, So, Francesco, wiederhole alles, ich notiere es mir, weil sonst, bei den ganzen Sachen, die ich machen muss... Kurz gesagt, in dieser Fußballsaison filme ich außer den Spielen der Granata, die ich schon in der letzten Saison gefilmt habe, auch die der anderen Mannschaft, weil das Lokalfernsehen sie aus Rechtegründen nicht zeigt, aber pass auf, was für eine Geschichte, das Lokalfernsehen schickt einen Kameramann mit der ganzen Ausrüstung, um das ganze Spiel zu filmen, und zeigt dann in den Nachrichten nur die Tore... Umso besser für mich, sage ich mir. Dann hat mich gestern Abend auch noch der Produktionsleiter des Lokalfernsehens angerufen, den ich vor fast einem Jahr getroffen hatte, und gestern Abend sagte er mir, er will mich ausprobieren, er braucht einen Kameramann für eine Sendung, die im September beginnt, ich melde mich demnächst wieder, hat er gesagt. Ja, ja, dachte ich, wie das letzte Mal, und dann vergeht wieder ein Jahr. Inzwischen hole ich aber mit Francesco ein bisschen Geld herein. Ich sollte Freudensprünge machen, aber heute verringert mir Doktor Bianchi das Distra auf nur noch zwei pro Tag. Ich schüttle ihm die Hand und versuche zu lächeln, aber ohne viel Erfolg.

50.

Jetzt kenne ich die Namen der Medikamente, die ich nehme, heute Morgen habe ich nämlich Doktor Bianchi gesagt, dass ich die genauen Namen der Medikamente wissen will. Also, morgens ein Efexor, ein Distraneurin und ein Truxal, mittags ein Truxal, abends ein Efexor und ein Truxal und nachts ein Distraneurin und ein Stilnox. Den genauen Namen meiner Tabletten zu kennen, hilft mir das, den verdammten Schmerz besser zu ertragen?

51.

Im Krankenhaus ging sie die Korridore auf und ab, wir hatten sogar draußen eine Runde gedreht, in diesem kalten Wind, aber die Sonne schien und wir haben uns auf eine Parkbank gesetzt und blieben dort lange, unendliche Minuten sitzen. Da waren auch zwei andere Paare, die die drei Stockwerke im Krankenhaus hinauf- und hinuntergingen, und jedes Mal, wenn wir uns begegneten, grüßten wir uns, denn die Emotionen, die in der Luft lagen, waren mit Händen zu greifen. Wenn Doktor Bianchi erfährt, an was ich gerade gedacht habe, macht er mir vielleicht Vorwürfe, aber man kann nicht aufhören, an einen Menschen zu denken, wie man einen Schalter umlegt, ab und zu zeigen sich die Erinnerungen und ich lasse sie hereinkommen, denn sie tun mir nicht weh, es waren schließlich schöne Momente in meinem Leben, das hier hat mir nicht wehgetan, das werden wohl auch die ganzen Tabletten sein, aber dann reicht es und so wie sie gekommen sind, verschwinden sie auch wieder, sich den ganzen Tag erinnern kann auch heftig werden, sogar peinlich.

52.

Ich wache auf, es scheint schon die Sonne, heute muss ich nicht arbeiten, es ist vielleicht Freitag. Ich schaue auf mein Handy, es ist Samstag. In meiner ganzen Konfusion weiß ich nicht mehr, welcher Tag es ist. Ich bleibe noch ein wenig im Bett, obwohl ich ganz verschwitzt bin, ich wache immer verschwitzt auf. Doktor Bianchi sagt, dass ich die Trennung wohl auch im Schlaf verarbeite, das sagt er, aber ich denke, dass ich eine leichtere Decke brauche als diese, die ich im Winter benutze. Ich stehe auf und mache mein schönes Stretching, hopp, zwanzig Sekunden dies und zwanzig Sekunden das undsoweiter undsofort und dann ein paar Bauchzüge und ein paar Liegestützen und ich bin fertig. Hier, schau mal, was für ein Körper... Ich gehe nach unten und will sofort wissen, wie spät es ist, es ist Viertel nach acht. Wer weiß, warum man gleich nach dem Aufstehen wissen will, wie spät es ist, wie komisch, es wäre besser, gar keine Uhr zu haben und die Tage so zu nehmen, wie sie kommen. Ich öffne die Terrassentür und gehe in den Garten hinaus, aber mit einem Sprung mache ich kehrt und gehe wieder hinein, verdammt, schon wieder? Schon

wieder? Ich halte den Atem an, wie wenn man sich hinter
einer Ecke versteckt, dann spähe ich aus der Ecke hinter der
Terrassentür hinaus, um die Situation abzuschätzen, auf der
Straße ist niemand, ich laufe schnell wieder hinaus und
hebe einen Rhododendron auf, der da auf dem Mäuerchen
stand, die Wurzeln fast trocken, und lasse ihn hinter dem
Haus verschwinden. Ich versuche mich zu erinnern, was ich
heute Nacht gemacht habe, aber anstatt mich zu erinnern,
was ich heute Nacht gemacht habe, schwirrt mir diese
Sache im Kopf herum, dass es wirklich komisch ist, dass
man die Uhrzeit wissen will, kaum dass man aufgestanden
ist. Ich verscheuche diesen Gedanken, ist mein Auto da
geparkt, wo ich es gestern abgestellt habe? Ich schaue ihn
an, meinen Volvo, der am Straßenrand geparkt ist. Dann
schaue ich mir unter die Füße. Sie sind voller Erde.

53.

Als ich meine Exfrau kennenlernte, war sie seit mehr als
einem Jahr mit diesem Typen zusammen und sie wollten
heiraten, aber sie hat ihn verlassen und ich habe einmal
von ihm geträumt, er sah aus wie der Teufel, dabei wusste
ich nicht einmal, was für ein Gesicht der Typ hat. Es stimmt
wirklich, dass alles zurückkommt. Mich an diese Sache zu
erinnern, das hätte ich aber auch vermeiden können.

54.

Ich denke noch immer an diese Rhododendronpflanze und
seit zwei Stunden schon grüble ich und traue mich nicht,

meine Nase aus dem Haus zu strecken, aber ich denke und denke und etwas taucht auch dank gewisser Indizien langsam wieder auf. Gestern Abend bin ich spät gegen elf nach Hause gekommen, ich hatte ein Fußballspiel gefilmt, ich habe mir eben einen Teil des Spiels auf dem kleinen Display der Videokamera noch einmal angesehen und da war das Datum von gestern drauf. Dann hatte ich da unten im Tal bei Rosaria angehalten, um ein Bier zu trinken, und da waren nur sie und ich, in der Bar Posta, und ich weiß noch, dass ich das Bier bezahlte, mit einem Zehnfrankenschein, das weiß ich genau, denn der Geldschein fiel herunter, als ich ihn Rosaria gab, wir waren vielleicht ein bisschen verlegen, weil unsere Hände so nahe waren, dass sie sich leicht berührten, wir hatten uns beide gleichzeitig gebückt, um ihn aufzuheben, und ich schaute ihr in den Ausschnitt, dass wir fast mit den Köpfen zusammengestoßen wären, und sie hat gelacht, aber ich habe nicht verstanden warum, auch ich habe versucht zu lachen, das schien mir nämlich ein guter Moment zu sein, aber ich bin nicht sicher, ob ich es genauso gut gemacht habe wie sie. Ich denke und denke, dass ich dann später, als ich oben in der Hütte angekommen war, den Volvo parkte und aus dem Volvo die eleganten Kleider, ein paar dunkelgraue Hosen und ein schwarzes Hemd, holte, die ich gestern Morgen trug, als ich Samantha hätte treffen sollen, aber dann habe ich einen anderen Anwalt getroffen, weil die Anwältin Samantha sich schlecht fühlte und gerade für Untersuchungen ins Krankenhaus gebracht worden war, das hatte er mir gesagt und ich hatte ihr dann eine Nachricht geschrieben, um zu sehen, wie es ihr ging, und diese Nachricht habe ich gerade noch einmal auf meinem Handy gelesen, aber sie hat mir nicht geantwortet. Und diese eleganten Kleider liegen jetzt bei mir auf dem Boden beim Kamin, stell dir das vor. Dann weiß ich noch, dass die Nachbarn mich grüßten, sie waren draußen auf der großen Terrasse, um im Licht der Straßenlaterne zu plaudern, das weiß ich noch genau, weil zwei Fledermäuse um die Laterne herumflogen, und sie betrachteten sie und kommentierten und sprachen auch vom Radar und vom Ultraschall und dann wollten sie mich einladen, etwas zu trinken, aber ich lehnte ab, Ich muss früh aufstehen, sagte ich, aber sie bestanden darauf und vielleicht trank ich schnell ein oder zwei Gläser Wein oder Bier. Dann habe ich die Pillen genommen und tatsächlich sehe ich im Medi-7, dass sie fehlen, und dann habe ich geduscht, die Socken und die Unterhose liegen in einer Ecke bei der Dusche. Und dann erinnere ich mich an nichts mehr. Dunkel. Und seit zwei Stunden taumle ich im Dunkeln und schaue im Haus herum. Ich sehe nach, wie viel Kleingeld ich in der Tasche der Jeans habe, die ich gestern Abend trug, aber da ist nichts, weil ich, wenn ich ins Haus komme, immer die Taschen ausleere, da neben den Hosen sehe ich das Handy und Münzen. Da ist eine Münze von einem Franken, eine Münze von fünfzig Rappen, eine Münze von zwanzig Rappen und eine Münze von zehn Rappen. Wenn ich ein Bier bei Rosaria in der Posta getrunken und sie mit dem Zehnfrankenschein bezahlt habe, der auf den Boden gefallen ist, und das Bier kostet drei vierzig, dann rechne ich, dass mir fünf zwanzig fehlen, ja, fünf zwanzig, ich habe nachgerechnet, um sicherzugehen, vielleicht bin ich in die Bar hier im Dorf gegangen, ich erinnere mich nicht, aber es ist wahrscheinlich, und dass ich schließlich, vielleicht, nachdem ich einen Halben Bier getrunken habe, der fünf Franken kostet, und ich fünf zwanzig bezahlt habe, zwanzig als Trinkgeld, oder vielleicht sind die zwanzig hier irgendwo auf dem Boden und ich finde sie nicht, und danach bin ich vielleicht losgegangen, die Rhododendronpflanze zu stehlen. Ich schaue mir noch einmal unter die Füße, die voller Erde sind, aber ich hatte geduscht... Ich schaue mich um, dann bemerke ich, dass das Paar elegante dunkelgraue Hosen, das ich, wie ich mich erinnere, zusammen mit dem schwarzen Hemd auf dem Sofa gelassen hatte, nicht auf dem Sofa ist, das Hemd ist tatsächlich dort auf dem Sofa, aber die Hosen sind nicht da. Ich suche sie im ganzen Haus. Ich suche sie und finde sie auf einer Kommode im oberen Stock und bemerke, dass da Dutzende dieser Samen hängen, die sich an die Kleidung hängen wie Kletten, diese, die dir sogar an den Socken kleben, und man braucht eine Stunde, um sie alle wegzumachen, und dann gehe ich duschen.

55.

Es war sechs Uhr abends und eine Krankenschwester sagte uns, Ihr könnt nach Hause gehen und wenn heute Nacht etwas passiert, kommt ihr zurück. Ansonsten kommt ihr morgen Vormittag wieder, denn spätestens am Mittag müssen wir es auf die Welt bringen. Dann steht deine Mama aus ihrem Bett auf und die Fruchtwasserblase platzt und das ist der Moment. Es kommt, habe ich gesagt. Es kommt.

56.

Heute Morgen hat sie mich angerufen, um mir zu sagen, dass unser Sohn Läuse hat und sie hundert Franken für ein spezielles Shampoo ausgegeben hat. Gut, habe ich ihr gesagt, ich gebe dir ja sowieso achthundert an Alimenten für unseren Sohn und nicht für eure Zigaretten.

57.

Manuela, sage ich zu ihr am Telefon, es ist schon wieder passiert. Als ich aufwachte, hatte ich kein komisches Gefühl, aber dann gehe ich nach unten und sehe, dass auf dem Tisch drei Eierschalen liegen und dass die Pfanne und ein Teller von Rührei schmutzig sind, dann dass auf der Waschmaschine dort in der Abstellkammer der Hammer liegt, der normalerweise in der Werkzeugkiste unten im Keller ist, und dass auf dem Boden vor der Haustür diese schönen Hosen liegen, die ich mir gestern bei H&M gekauft habe und die ich gestern oben im Schlafzimmer liegen ließ, als ich die ganzen Kleider zusammensammelte, um das Wohnzimmer aufzuräumen. Ich bleibe einen Moment stehen und sage ins Handy, Manuela, es ist schon wieder passiert! Was denn?, fragt Manuela. Ich weiß es nicht, ich weiß es nicht. Also, die drei Eier hast du wahrscheinlich gegessen, sagt sie mir. Wen juckt's denn, wenn ich mich nicht erinnere, sage ich ihr, aber was ich mit dem Hammer gemacht habe, weiß ich nicht, und die Hosen hier auf dem Boden bedeuten, dass ich sie vielleicht angezogen habe, um nach draußen zu gehen, sie sind zerknittert, sie wurden benutzt. Vielleicht bist du in die Bar gegangen, sagt Manuela, Aber ich sehe hier kein Geld herumliegen, ich habe alles im Auto gelassen, sage ich zu ihr. Vielleicht hast du wie neulich nicht bezahlt, vielleicht hast du den Kassenzettel unterschrieben, geh in der Bar nachsehen. Ich gehe hinaus mit dem Handy in der Hand und gehe zum Volvo, um nachzusehen, und das Geld ist im Handschuhfach, wo ich Geld und Papiere aufbewahre. Dann liegt hier im Auto die leere PET-Flasche. He, Manuela, hier liegt die leere PET-Flasche, die ich benutze, um die Pflanzen zu gießen, die ich aber auch benutze, um Wasser in die Scheibenwischanlage zu kippen, und was verdammt noch mal macht diese Flasche hier, das weiß ich erst, wenn ich die Motorhaube öffne und den Behälter der Scheibenwischanlage überprüfe, er ist voll bis oben hin. Also siehst du? Du hast den Scheibenwischbehälter aufgefüllt, das hast du gestern Abend gemacht. Aber was ich gemacht habe, nachdem ich den Behälter aufgefüllt habe, das weiß ich nicht mehr, Manuela, und wenn ich in die Bar gegangen bin, dann bin ich nicht ohne Hosen hingegangen, ich hoffe sehr, dass es so war, denn ich schlafe immer nackt, und dann, wer weiß, was verdammt noch mal ich heute Nacht mit dem Hammer gemacht habe... Manuela, es ist schon wieder passiert! Sie lacht... Manuela lacht.

58.

Heute ist der erste August, der Schweizer Nationalfeiertag, ich muss nicht arbeiten, obwohl in dieser Sicherheitsagentur sogar an Weihnachten gearbeitet wird. Den ganzen Monat August arbeite ich bei Versace, weil ich in der Woche, die ich im Juli dort war, der Filialleiterin Sabina oder Sabrina gefallen habe. Vorgestern habe ich endlich meine Anwältin Samantha wiedergesehen, oh Samantha, die schöne Samantha... das war beim Amtsgericht unten in der Stadt. Ich laufe schnell in den dritten Stock hinauf und zähle auch nicht die Stufen, ich will nicht zu spät kommen, ich fand nämlich keinen Parkplatz und es ist fast neun und in einem kleinen Vorzimmer finde ich Samantha in einem dunkelblauen hüftbetonten Kostüm, sie verlagert das Gewicht von einem Bein auf das andere, die straffen Beine einer Sportlerin, und bei diesem Anblick bleibe ich stehen und auch die Zeit um mich herum bleibt stehen, ganz elegant mit ein bisschen Augen-Make-up, was ihr gut steht, vielleicht hat sie auch etwas Rouge auf den Wangen, aber das könnte ich nicht sagen, und an ihren Ohrläppchen hängen zwei lange Ohrringe, ich möchte mit ihr zusammenleben, mit Samantha, mich überkommt diese plötzliche Lust, noch einmal dieses Gefühl zu empfinden, wenn man jemanden zu Hause vorfindet, der einen erwartet, Willst du einen Kaffee?, ich habe Muffins gebacken, und mich nachts an einen warmen Körper schmiegen und sich die nackten Füße reiben, Gute Nacht, würde sie zu mir sagen, jemand, der mir noch Gute Nacht sagt, und zusammen duschen und sich einseifen und sich überall lecken und saugen, ja, das wäre ein Leben, anstatt zu lernen, um zu arbeiten, um zu produzieren, um auszugeben und den Rechnungen den Schulden hinterherlaufen, die Pfändungsbescheide und die Steuern, und wählen gehen und Kolonnenfahren mit dem Auto, alle hektisch unterwegs, was für ein Stress, die Staus an den Autobahnhäuschen, die Weihnachtsgeschenke in letzter Minute, immer ein Buch oder ein Gutschein oder eine Flasche Wein, nämlich die, die sie mir im letzten Jahr geschenkt haben, aber ich trinke nicht, ich bin Abstinenzler, nein nein nein, das ist doch kein Leben, was für ein Leben haben wir uns da aufgebaut? Das ist doch kein Fortschritt, das hier! Wie schön wäre es, sich gehen zu lassen, sich den ganzen Tag auf den Wiesen zu lieben, an einem Tag mit der einen und am anderen Tag mit einer anderen, wie die Mäuse, wie die kleinen Mäuse in meinem Holzschuppen, oh verdammte Mäuse, ihr allerdings... aber dann wache ich mit einem Faustschlag ins Gesicht wieder auf aus diesem Traum mit offenen Augen, ich kann doch nicht zusammenwohnen mit ihr, meiner Anwältin, was denkst du dir denn da, ich müsste meinen Sohn ja dann am Wochenende dorthin bringen und wie soll ich es ihm denn sagen, dass wir nicht in die Berge fahren, sondern zu der da, Wer ist die denn?, wird mein Sohn denken und noch verwirrter sein, er hat schon so viele Dinge im Kopf, lassen wir ihn ein wenig in Ruhe... Samantha lächelt mir zu, als hätte sie meine Gedanken gelesen, und auch ich lächle ihr zu, als wollte ich sagen, Ja klar, und dieses Lächeln gelingt mir gut, nicht nur auf dem Mund, sondern auch ein wenig in den Augen, glaube ich, dann richtet sie ihren Blick auf meine Exfrau und auf ihre Anwältin, die meiner Exfrau, weil diese plötzlich ihre knochige Hand ausstreckt und sagt, Marchesi, angenehm, die Stimme eines Mannes mit einem Geruch nach Pfefferminze, um den Zigarettengestank zu überdecken, für einen Augenblick sieht sie aus, als würde sie schielen hinter dieser stillosen randlosen Brille, nur zwei ganz dünne Bügel und ein ganz dünner Bogen, ich drücke ihr fest die Hand, ohne Angst, sie ihr vielleicht zu brechen, dann schaue ich zu Samantha, die mir wieder zulächelt, und dann streckt sie mir langsam ihre entgegen, ihre Hand, warm und weich, und sagt Ciao, ein Ciao, für das ihre glänzenden Lippen und ihr Mund und ihre Zunge scheinbar einen Bauchtanz machen, um es auszusprechen, und ich sehe aus dem Augenwinkel meine Exfrau, die ihren Blick abwendet und ihn irgendwohin richtet, so wie sie es immer tat, wenn sie dir klarmachen wollte, dass sie sich langweilt, aber vielleicht richtet sie ihn in diesem Moment nur irgendwohin, um sich davon abzuhalten, mir an die Gurgel zu springen. Ich sage zu ihr Ciao, zu Samantha, und Samantha lächelt mich noch einmal an, vielleicht weil sie gemerkt hat, dass ich aufgeregt bin, und mir etwas Ruhe vermitteln will, dann betreten wir den Saal, der Amtsrichter kommt angelaufen, der immer tausend Beschäftigungen zu haben scheint, und vielleicht hat er die ja wirklich, wo läuft er denn so eilig hin, wo soll er in diesem Scheißklotz von einem Gebäude schon hingehen, auch er wird um sechs Uhr hinausgehen wie alle anderen, die hier arbeiten, und wir nehmen Platz und ich bemühe mich, mir nicht anmerken zu lassen, dass mein Geist in diesem Moment nicht da ist, dass ich nur meinen Körper hergebracht habe, denn bevor ich die Treppe hochgestiegen bin, habe ich in der Bar haltgemacht und ein Bier bestellt und mit diesem Bier habe ich zwei oder drei Distra geschluckt, ab und zu bewege ich meinen Kopf auf und ab, Ja, ja, sage ich auch, oder ich mache meinen Mund gar nicht auf, aber ich frage mich, wie mein Atem riecht, und aus dem Augenwinkel beobachte ich meine Exfrau, die aber vor sich hin starrt, ich folge der geraden Linie ihres Blickes, sie führt direkt zu den Augen des Amtsrichters, sie lässt ihn keinen Moment los, sie ist wie der Hund, der seine Beute hetzt, ich bemerke, dass sie nicht einmal mehr einen der Ringe mit den Steinen trägt, die sie immer trug, sondern sie trägt einen unbekannten, einen echten Stein? an ihrem linken Ringfinger und ich betrachte lange ihre Haare, sie hat etwas neu gemacht, aber ich könnte nicht sagen, was, und dann setzen wir schnell zwei oder drei Unterschriften und gehen und auf der Straße spricht Samantha ein wenig mit mir, aber ich weiß nicht mehr, was sie zu mir sagte, mein Kopf war nämlich wie voller Sand und meine Augen blieben an den Beinen meiner Exfrau kleben, die sie wogend weit weg von mir trugen, links rechts links rechts.

59.

Ich drücke die Spülung, gehe aus dem Klo, gehe zwei Schritte und bleibe stehen. Ich kneife die Augen zusammen, wie um etwas besser finden zu können, von dem ich nicht weiß, was es ist, halte den Atem an, um jedes kleinste Geräusch besser zu erfassen, auch wenn ich nicht weiß, was ich überhaupt hören sollte, aber so macht man es, wenn man versucht, sich zu erinnern, ich stehe konzentriert da, mit diesem Gefühl, dass ich vor einem Moment daran dachte, etwas zu machen, sobald ich mit Pinkeln fertig bin, aber dann im Laufe einer Sekunde hat sich dieser Gedanke unweigerlich verflüchtigt, verschluckt von den Abwasserrohren, als ich spülte.

60.

Ich sitze hier im Volvo, der vor dem Haus geparkt ist, aus dem gleich mein Sohn herauskommen wird, und dann fliegen wir hoch in die Berge zu unserem schönen Wochenende, aber nach einer Viertelstunde bin ich immer noch hier am Warten, eine Viertelstunde Verspätung, okay, ich warte, ich rufe nicht an, ich warte, ich mache etwas Musik, aber dann vergeht eine halbe Stunde und jetzt rufe ich an, das Handy von meinem Sohn ist ausgeschaltet und das meiner Exfrau klingelt ins Leere. Bin ich denn an der Reihe? Ich bekomme Zweifel, rufe Samantha an, Ja, du bist an der Reihe, pass auf, machen wir es so, ich rufe diese Hexe von Marchesi an, warte, bis ich dich zurückrufe, und sie legt auf. Ich werde nervös, Hexe, sie hat die Marchesi Hexe genannt, ich steige aus dem Volvo, jetzt gehe ich und klingle, dann wird sie mich schon hören, doch bevor ich an der Tür bin, klingelt mein Handy, Ich habe sie angerufen, sie hatte vergessen, mir zu sagen, dass deine Ex heute ans Meer gefahren ist und dass dein Sohn bei einer Freundin ist... hast du mich gehört? He, bist du noch da? Hallo... Ich stand vor der Haustür mit offenem Mund ganz starr vor Wut und habe das Handy so fest gedrückt, dass ich es ausgeschaltet habe. Ich musste Samantha zurückrufen, War die Leitung unterbrochen? Hör mir zu, sagte sie dann, jetzt greifen wir zu harten Maßnahmen, und um sieben klopfte ich an die Türen einiger Freundinnen meiner Exfrau, die in der Stadt wohnen, auch an die aller Jennifers, aber nichts, niemand ist da oder sie sehen mich durch das Guckloch und machen nicht auf, dann rufe ich meine Exfrau an, aber wieder nichts. Um acht, wie von Samantha vorgeschlagen, rufe ich die 117 an und nach einer Viertelstunde kommen drei Autos mit sechs Polizisten, zwei waren dieselben vom letzten Mal, und dann befragen sie mich auf der Straße vor dem Haus. Sie rufen sie an und sie geht dran und sagt ihnen, dass unser Sohn bei einer Freundin in einem Dorf zwanzig Kilometer außerhalb der Stadt ist, in der Nähe des Dorfes, wo meine Eltern wohnen. Die Polizisten rufen diese Frau an, aber nichts. Dann wieder und wieder nichts und schließlich sagen sie mir, dass sie einen schriftlichen Bericht machen, und gehen. Ich fahre wieder in die Berge zurück. Ich komme in der Hütte an und mein Telefon klingelt, es ist diese Freundin meiner Exfrau, die mir sagt, dass es meinem Sohn gut geht, ich rede mit ihr, dann erfahre ich von dieser Frau, dass meine Exfrau an diesem Morgen mit ihrem neuen Mann ans Meer gefahren ist und unseren Sohn bei ihr gelassen hat und dass sie ihn zwei Tage behalten und ihn dann für weitere zwei Tage zu dieser anderen Freundin bringen soll, die ihn dann für wiederum zwei Tage zurückbringen soll und schließlich für die letzten zwei oder drei Tage, je nachdem, wie lange sie am Meer bleiben würden... Halt! Stopp! Sei still! Hör genau zu, sagte ich ihr, hör mir genau zu, wiederholte ich, in zehn Minuten kommen die Großeltern meines Sohnes und du gibst ihn ihnen mit, sagte ich mit autoritärem Ton und legte auf und so war es dann auch. Mein Sohn war eine Woche bei seinen Großeltern, während ich arbeitete, abends kam ich zu ihm und schlief bei ihm. Als ich dann Samantha erzählte, was passiert war, sagte sie, wir sollten uns so schnell wie möglich mit meiner Exfrau und der Marchesi treffen. Wir haben uns dann im Büro der Marchesi getroffen, die ihre Verlegenheit wegen des Vorfalls verbarg, und sie, meine Exfrau, gebräunt und wütend wie eine Giftschlange.

61.

Gestern Abend habe ich eine Sternschnuppe gesehen, gestern Abend war nämlich die Nacht von San Lorenzo, und als ich zu Fuß von der Bar Lepre Bianca nach Hause ging, habe ich aus dem Augenwinkel rechts von mir diesen Stern gesehen und da ist mir spontan eingefallen, an einen Wunsch zu denken, obwohl ich an diese Dinge ja nicht glaube, aber da habe ich mir sofort etwas gewünscht, doch jetzt, wo ich wieder daran denke, weiß ich gar nicht mehr, was ich mir gewünscht habe.

62.

Gestern ist es wieder passiert. Ich war unterwegs zu Versace und beim Fahren habe ich meinen Sohn angerufen, und während wir miteinander plauderten, hat seine Mutter ihm das Handy weggenommen und es ausgemacht und das nur, weil ich ihn gefragt habe, wie sich der Mann meiner Exfrau ihm gegenüber benimmt, und da, wie eine Ohrfeige, höre ich sie schreien, Nein, Schluss, ihr dürft darüber nicht sprechen, und das Handy war aus. Ich rufe an und wieder an, aber nichts, bis ich vorbeigefahren bin und an die Tür geklopft habe, und ich habe gehört, dass mein Sohn an die Wohnungstür gelaufen kam und vielleicht sagte, Es ist der Briefträger mit einer Überraschung für mich, aber sofort habe ich seine Mutter brüllen hören, Mach die Tür nicht auf! Ich klopfe bei der Nachbarin und das Guckloch wird sofort hell, die Nachbarin hatte mich beobachtet, sie öffnet, eine alte Frau, ich lasse mir Papier und Stift geben und schreibe eine Nachricht, erkläre, dass ich unseren Sohn nicht um 18.30 Uhr abholen und bis Montagmorgen nehmen kann, weil ich Filme bei einer Sportveranstaltung drehen muss, womit ich den ganzen Tag und einen großen Teil des Abends beschäftigt bin, und auch weil ich mich am Montagmorgen um halb zehn mit meiner Anwältin in ihrem Büro treffe. Ich schreibe, dass ich unseren Sohn am Dienstag nach der Arbeit abholen und bis Donnerstagmorgen um acht behalten kann, wenn ich den Termin bei Doktor Bianchi habe. Ich mache auch eine Zeichnung für meinen Sohn. Ich schiebe das Blatt unter der Tür durch, weil ich Lust bekommen hatte, einen Brief von Hand zu schreiben anstatt eine Nachricht mit dem Handy, und gehe die fünf Stockwerke zu Fuß hinunter, ich habe das Gefühl, das Richtige getan zu haben, dann komme ich im Erdgeschoss an und da draußen, wo die Klingelknöpfe sind, stehen zwei Polizeibeamte mit Helmen und deuten mit den Zeigefingern auf die Klingelknöpfe und murmeln wiederholt meinen Nachnamen und den Namen meiner Exfrau. Ich grüße sie, Guten Tag, aber sie sind zu sehr darauf konzentriert, die Klingel meiner ehemaligen Wohnung zu finden, ich weiche ihren Motorrädern aus, steige in meinen Volvo und verschwinde schnell. Ich kann nicht einmal an die Tür klopfen, um unter vier Augen etwas zu klären, da ruft sie die 117.

63.

Irgendwann am Vormittag sagte Lorena, die neue Verkäuferin auf Probe, He, Leute, stand da nicht eine Tasche? Und mit einer zuckenden Mundbewegung sagen Stefy und Manuel fast unisono, Oh Scheiße, das stimmt ja, da stand die Tasche soundso, denn die Taschen von Versace haben alle solche Namen, und ohne Zeit zu verlieren, schauen wir uns die Videos der Überwachungskamera an, ich musste auf gut Glück daran herumfingern, um diesen Apparat in Gang zu bringen, und wir sehen diese drei jungen Frauen, die eben gerade im Geschäft waren, wie sie sich schnell absprechen, und eine steckt die besagte Tasche in ihre Umhängetasche, eine Tasche für fast dreitausend

Franken. Manuel gerät in Panik, Blöde Schlampe, brüllt er und bittet mich um die Nummer der Bullen, wobei ich nicht weiß, ob er sich nicht erinnert oder ob er nicht in der Lage ist zu denken, 117, sage ich zu ihm, und er brüllt, Ist es nicht die 118? Nein, das ist die der Feuerwehr, sage ich zu ihm, Ja, das stimmt, die Feuerwehr, aber die 117, da bin ich mir nicht sicher, nuschelt Stefy, die in Trance zu sein scheint. Verfluchte Scheiße, ist es nun die 117 oder die 118?, fragt Manuel. Ich schaue ihn ärgerlich, vielleicht auch mitleidig an, nehme das Telefon und rufe selbst an. Nach ein paar Minuten kommen zwei Streifenwagen mit eingeschaltetem Blaulicht und vier Polizisten springen heraus. Zwei erkennen mich, tun aber so, als wäre nichts, und stellen einen Haufen Fragen über die drei Mädchen, schauen sich das Video an, sie wollen eine Kopie davon, da müssen wir den IT-Techniker der Alarmsystemzentrale anrufen, um uns erklären zu lassen, wie das geht, eine Kopie ziehen, und dann gehen sie wieder. Nach einer Stunde kommt eine Streife mit ausgeschaltetem Blaulicht zurück und bleibt vor der Boutique stehen. Auf dem Rücksitz erkenne ich die Frau, die die Tasche gestohlen hat. Wir haben sie geschnappt, sagt ein Polizist beim Überschreiten der Schwelle mit völlig begeisterter Miene. Manuel sagt, Wenn sie einen Dieb schnappen, bekommen sie einen Orgasmus, das sagt Manuel. Wir haben sie geschnappt, sie waren am Bahnhof, einer von euch muss mit zur Identifikation in die Zentrale kommen. Sie schicken mich, ich gehe zu Fuß, ich lasse mir Zeit, die Touristen, die Fotos machen am See, vor den Häusern, auf der Piazza im Zentrum, der Verkehr, die jungen Leute, die in ihre Handys starren, die Hunde, die hinpinkeln, wo sie wollen, die Werbeplakate. Und Sie, wem schenken Sie morgen eine Blume?, heißt es immer noch auf dem Plakat des Blumengeschäfts und dann verlangen sie meinen Personalausweis und lassen mich eine nach der anderen hinter diesem verspiegelten Fenster identifizieren wie in den Kriminalfilmen.

64.

Zurück in der Boutique, beginnt das Verhör, Was hast du gemacht, was haben sie zu dir gesagt, was hast du gesagt, haben sie dich durchsucht... und ich stand da wie die Puppe, die ich sein soll, und antwortete lustlos, während ich durch das Schaufenster blickte, so konnten sie mir nicht ins Gesicht sehen, ich hatte nämlich eine Miene, als ob ich sie am liebsten fressen würde, begreift ihr denn nicht, dass ich keine Lust habe zu reden? Denkt ihr nicht daran, dass ich gerade drei Mädchen wegen einer Scheißtasche habe anklagen lassen, die aus der Haut eines armen Krokodils gemacht wurde, das in Zementbassins mit einem halben Meter Wasser und angehäufter Scheiße zusammengepfercht mit Hunderten anderer Krokodile aufgezogen wurde, aber fickt euch, hätte ich am liebsten gesagt, anstatt auf ihre Fragen zu antworten, oh was für eine Wut, oh was muss ich bloß machen und ertragen, um die Rechnungen zu bezahlen, um die Schulden zu bezahlen, um meiner Exfrau die Alimente zu bezahlen, um was weiß ich zu bezahlen... Wie durch einen Zauber sehe ich sie kommen, das Mädchen mit ihrem Großvater. Ich halte die Luft an, um regungslos dazustehen, und spiele die puppenhafteste Puppe, die ich spielen kann, He, hörst du uns zu? Wir haben dich gefragt, ob sie in Handschellen waren... und jetzt hat sie mich gesehen, sie betrachtet mich mit einem

anderen Gesichtsausdruck als neulich, neulich war es das
Gesicht eines Mädchens, das eine Puppe betrachtet, aber
jetzt hat sie das Gesicht von jemandem, der weiß, dass sich
diese Puppe nach einer Weile bewegen wird, vielleicht hält
auch sie die Luft an, sie starrt mir in die Augen, während
der Großvater sie an der Hand zieht, ich bewege mich
nicht, ich mache keine Bewegung, aus dem Augenwinkel
bemerke ich, dass sie fast aus meinem Gesichtsfeld verschwindet, und da drehe ich den Kopf in ihre Richtung
und zwinkere ihr zu, sie schrickt wieder zusammen wie
beim letzten Mal und lacht, sie lacht amüsiert, hält sich
eine Hand vor den Mund, dann lässt sie der Großvater vor
mir verschwinden.

65.

Und dann, als die Fruchtblase geplatzt war, ist alles ziemlich schnell gegangen. Und kaum warst du da, habe ich zu
deiner Mama gesagt, Es ist ein Junge, es ist ein Junge.
Komm schon, Doktor Bianchi, wie soll man sich nicht an
einen Moment wie diesen erinnern wollen?

66.

Ich habe es getan. Ich habe schon eine Weile daran gedacht.
Heute bin ich in das erste Blumengeschäft gegangen und
habe diese schöne gelbe Blume ausgewählt, von der ich
nicht einmal mehr den Namen weiß, die Floristin hat ihn
mir gesagt, aber ich weiß ihn nicht mehr, jedenfalls sah sie
aus, als wäre sie eine dezente und seriöse Blume. Und so ist

es dann gelaufen, nachdem ich mich heute Morgen mit meiner Exfrau und unseren beiden Anwältinnen im Büro der Marchesi getroffen habe, um über Schulden und Sorgerecht zu sprechen, bin ich in das Blumengeschäft gegangen, das Samanthas Büro am nächsten liegt, und sagte zu dieser Floristin mit der nassen grünen Schürze, an der sie sich die Hände abtrocknet, und den von Erde schmutzigen Händen, ich sagte ihr, sie solle bitte diese schöne gelbe Blume an Samantha in ihrem Büro ausliefern, und habe eine Karte beigelegt, auf der nur steht, Hochachtungsvoll und herzlich. Und gleich danach habe ich mich gefragt, ob das alles richtig war, und einen Moment lang habe ich geglaubt, nein, ich hätte nur an mich und meinen Sohn denken sollen, aber gleichzeitig hätte ich alle umbringen können, und am Ende habe ich mir gesagt, ich sollte mit dieser drittklassigen Romantik Schluss machen.

67.

Ich bin hier bei Versace in meinem schönen schwarzen Cool-Wool-Anzug und sehe den Passanten auf der anderen Seite des Schaufensters beim Vorbeigehen zu, ich frage mich, ob ich der Affe im Zoo bin oder sie, die Sonne scheint und niemand kommt herein und ich warte, dass die kleine blonde Schönheit vorbeikommt, die in der Boutique hier nebenan verkauft. Aber plötzlich sehe ich Carlo vorbeigehen, er trägt einen großen Topf mit einer ausladenden Zimmerpflanze, also laufe ich schnell hinaus und halte ihn an, He, Ciao, was machst du denn mit dieser Pflanze? Und du mit diesem schwarzen Anzug?, keucht er. Vergiss es, antworte ich. Ich arbeite da oben bei Bally, sagt er, dann setzt er den Topf ab und holt Luft... aber den Hauptsitz haben wir in London, wir machen unser Business mit Handys, wir sind nämlich die Ersten, die das hier machen, sagt er zu mir. Aber sag mal, frage ich ihn, du hast nicht zufällig... Nein, nein, ich habe aufgehört, Schluss, und er verabschiedet sich und ich bleibe stehen und schaue der Pflanze zu, die über den Köpfen in der Straße schaukelt.

68.

Es ist Donnerstag, der 16. August und ich bin hier in der Hütte und lese, es ist fast Mitternacht. Draußen geht eines dieser Gewitter nieder, die den Sommer wegblasen, aber den Sommer habe ich ja gar nicht gesehen in diesem Jahr, denn ich habe den Kopf im Delirium und da soll das Gewitter wegblasen, was es will. Ich warte noch auf die Antwort von Samantha, aber ich mache mich deswegen nicht verrückt, ich muss schon die Trennung verarbeiten und verdauen. Und wenn sie mich noch nicht angerufen hat, dann weil sie vielleicht wegen Ferragosto einen Brückentag genommen hat oder weil sie darüber nachdenkt, was sie mir sagen soll, oder weil sie nicht weiß, wie sie es mir sagen soll, und an diesem Punkt warte ich, den Ball habe ich ihr zugeworfen und jetzt ist sie dran, den nächsten Schritt zu machen, und dann sehen wir, wie diese Geschichte enden wird. Ansonsten habe ich nicht viele Neuigkeiten, abgesehen davon, dass ich heute Morgen nach zwei Wochen wieder Doktor Bianchi getroffen habe, und ich sage ihm, Aber schauen Sie mal, auch mit den Stilnox wache ich früh auf und heute Morgen war ich um drei Uhr wach, mit meinem Sohn, der neben mir glücklich und zufrieden schlief und ab und zu im Schlaf lachte und mir so viel Freude schenkte, vielleicht ist das der Grund, warum ich nicht mehr einschlafen konnte, obwohl ich ein Traxam genommen habe, sage ich zu Doktor Bianchi, dann eine Banane, dann ein Distra und schließlich habe ich um halb sechs einen Kaffee gekocht und das Geschirr gespült. Und ich sage ihm auch, dass ich dieses Stilnox nicht mehr will, und dann sage ich ihm, dass ich auch die Truxal nicht spüre, sie haben bei mir keine Wirkung. Ich erkläre ihm, dass ich versucht habe, eine Handvoll auf leeren Magen zu nehmen, aber ich spüre sie nicht, sage ich ihm, wirklich nicht, das sind doch nicht etwa diese Zückerchen für die alten Leute, grinse ich, und er sagt, Anstatt viele zu nehmen, er sagt es und starrt mich an, um drei Sekunden vergehen zu lassen wie im Film, anstatt viele zu nehmen, versuchen Sie doch, gar keine zu nehmen, haben Sie nie daran gedacht, dass Sie bei allem, was Sie probiert haben, auch probieren könnten, sie gar nicht zu nehmen? Und hier, hier hat es Doktor Bianchi wieder einmal mit nur drei oder vier Worten geschafft, mich zu verblüffen. Sie gar nicht nehmen... Nein, sage ich zu ihm, daran habe ich nie gedacht.

69.

Heute habe ich sie noch nicht genommen und vorher war ich in der Bar und habe Bier getrunken, so nervös und mit angespannten Kiefermuskeln, dass ich beinahe diesem Jungen, der mit seinem Handy Technomusik hörte, während im Radio italienische Popmusik aus den Achtzigern lief, die Nannini und Gianni Morandi, dass ich beinahe

Lust hatte, ihm den Stuhl auf die Zähne zu hauen, dem Jungen, aber dann habe ich einen Zehnfrankenschein unter den Aschenbecher gelegt, um die drei Biere zu bezahlen, einen Franken Trinkgeld, weil ich es eilig hatte, und zu Hause habe ich das Medi-7 geöffnet und habe ein bisschen von allem genommen. Doktor Bianchi sagt, dass wir sie reduzieren werden, die Trummax, und dass er mir als Beruhigungsmittel etwas wie Xanax oder wie Blabla oder wie Blablabla geben wird. Er rief die Krankenschwester und sagte zu ihr, sie solle mir für den kommenden Dienstag die Blablabla verschreiben, und zu mir, ich solle mich bemühen, die restlichen Traxal zu reduzieren, um ihm dann die auszuhändigen, die noch übrig bleiben, aber ich glaube, es bleiben keine übrig. Ich glaube das wirklich, zeig mal, wie viele noch übrig sind, oh es sind noch zwei oder drei. Aber das ist nicht wichtig, denn ich glaube, wenn Samantha mir positiv antwortet, werfe ich das Medi-7 bei zweihundert auf der Autobahn aus dem Fenster des Volvos, wie ich es vor knapp einem Monat mit meinem Ehering gemacht habe, als ich um Mitternacht mit der Arbeit bei Bulgari fertig war und ich meine Exfrau anrief, sie solle mir eine Decke vom Balkon werfen, damit ich im Auto schlafen kann, ich hatte nämlich vergessen, die Militärdecke ins Auto zu legen, und zurück in die Berge zu fahren, hatte ich keine Lust, denn einmal oben, konnte ich nur fünf Stunden schlafen und dann musste ich wieder anfangen zu arbeiten. Aber sie hat mir nicht einmal geantwortet und da habe ich eine Weile versucht, auf dem Parkplatz am Stadion im Auto zu schlafen, aber dann wurde es kalt, also habe ich den Volvo gestartet und bin mit zweihundert nach Hause gerast, habe den Ehering von meinem Ringfinger gezogen und ihn an der Einfahrt in den Tunnel aus dem

Fenster geworfen und ich habe nichts dabei empfunden, keine Emotion, ich habe mir nur gesagt, Verdammt, wozu hast es noch getragen, dieses Stück Metall?

70.

In Australien hatten meine Exfrau und ich uns gerade erst kennengelernt, als eine Freundin von ihr einen Autounfall hatte und mit ein paar gebrochenen Knochen und einer schweren Gehirnerschütterung ins Krankenhaus eingeliefert wurde. Wir waren ins Auto gestiegen und ich war mehr als sechs Stunden lang gefahren, ohne anzuhalten, um sie im Krankenhaus zu besuchen. Als dann vor zwei Jahren ein alter Freund von mir auf der Intensivstation gelandet ist, auch er wegen einem Autounfall, er war in kritischem Zustand ins Krankenhaus in der Stadt eingeliefert worden, da wollte meine Exfrau mich nicht begleiten, um ihn zu besuchen, und das Krankenhaus war nur zehn Minuten zu Fuß entfernt.

71.

Heute Morgen hat mir Doktor Bianchi das Medi-7 durcheinandergebracht. Er hat mir das Schlafmittel Stilnox genommen, weil ich ihm gesagt hatte, dass ich so oder so fünf Stunden schlafe, aber morgens benommen aufwache und mich nicht mehr erinnere, was ich am Abend davor gemacht habe, und er schaut mich streng an, dann macht er die Null und hält sie mir vor die Nase, Null? fragt er, Ja, Null, lüge ich, aber es ist hart, sage ich. Wie gestern Abend, als ich es genommen habe, das Schlafmittel, dann bin ich in die Bar gegangen, einen Kräutertee ohne Zucker, lüge ich weiter, und heute Morgen, als ich mit dem Volvo wegfuhr, habe ich gesehen, dass da zwei Azaleen auf dem Mäuerchen standen, ich bremse und kehre um und werfe sie in den Holzschuppen, und wo ich schon dabei bin, fege ich das Mäuerchen, fertig, als wäre nichts gewesen, aber Doktor Bianchi habe ich die Sache mit den Pflanzen nicht erzählt, oder vielleicht ist mir einmal etwas herausgerutscht, so wie er mich anschaut, ein Auge geschlossen und das andere in der Null, wie jemand, der im Zielfernrohr sein Ziel anvisiert, vielleicht ist mir etwas herausgerutscht, ich wende den Blick ab und lasse ihn aus dem Fenster schweifen, wir sind im fünften Stock und man sieht die Fenster des Gebäudes gegenüber. Er steht auf, geht im Zimmer auf und ab, wie es Leute tun, die dir begreiflich machen wollen, dass sie sich ihren Teil denken, und tatsächlich geht er dann nach nebenan und ich höre ihn mit der Krankenschwester sprechen und ich löse meinen Blick in dem Moment vom Fenster, als sie wie eine Kellnerin mit dem Tablett voller kleiner Schachteln und Ampullen die Schwelle überschreitet. Und dann hat sie mir zusammen mit dem Stilnox auch noch die abendliche Dosis Efexor weggenommen, das vielleicht der Grund dafür war, warum ich nur fünf Stunden schlief, dafür hat sie mir das hinzugetan, von dem sie mir letzte Woche sagte, dass es wie Xanax ist, aber anders heißt, etwas wie Tranquillium, ich habe es flüchtig auf der Ampulle gelesen, als die Krankenschwester mir das Medi-7 aufgefüllt hat, aber ich habe es nicht aufmerksam gelesen, weil ihre langen Finger sich so sinnlich bewegten wie die Beine vieler Tänzerinnen, die dicht nebeneinander tanzen, und die sieben Ringe mit den hellblauen violetten grünen Steinen schlugen aneinander, machten leise tick tick, wie beim letzten Mal, aber heute war dieser Moment, in dem nur wir zwei die Ticks der Ringe hören konnten und nur ich ihre Finger betrachten konnte, die sich wie im Tanz bewegten, ein Moment von einer gewissen Intimität, diese Ringe machen nur für mich tick tick, ich habe sie betrachtet und auch die Finger, dann wanderte mein Blick langsam ihre Hände entlang und dann die Arme hinauf und ein Muskel zuckte unter der angespannten Haut im Rhythmus der Ticks, dann habe ich einen Moment angehalten, um einen Leberfleck zu betrachten, ich wollte ihn berühren, tick tick, er hatte die Form von Korsika, aber auch von Irland, und dann ging ich schnell weiter, wo die Haut von der Baumwolle ihres weißen T-Shirts bedeckt war, und schließlich hielt ich den Atem an und habe ihr plötzlich in die Augen geschaut, aber ich habe nur eine junge Frau gesehen, die sich darauf konzentrierte, mit Tabletten und Schachteln zu hantieren. Was ja schließlich ihre Arbeit ist.

72.

Ich stehe draußen vor dem Gebäude von Doktor Bianchi, ich stehe auf dem Trottoir, die Leute gehen schnell vorbei oder gehen spazieren oder führen den Hund aus, ein kleiner Hund hat tatsächlich gekackt und hat dann instinktiv versucht, seinen Scheißhaufen mit Erde zuzudecken, aber man hörte nur das Kratzen der Krallen der Hinterpfoten auf dem Asphalt und ich dachte, es muss für Hunde ziemlich demütigend sein, auf das Trottoir zu scheißen. Aber es ist ebenso demütigend für dieses pensionierte Frauchen, sich zu bücken und die Scheiße mit einem Beutel aufzusammeln, den sie dann mit einem schönen Knoten verschließt, bevor sie ihren Spaziergang fortsetzt, die gespannte Hundeleine in der einen Hand und den warmen Beutel in der anderen. Und während ich zuschaue, wie sie weitergeht, mit einem Ruck an der Leine, an der das Hündchen zieht, und dem schaukelnden Beutel, sehe ich deutlich wie in einer Filmsequenz die Szene, bevor das Frauchen aus ihrem Klotz von einer Wohnung in einem dieser Klötze von Wohnhäusern kommt, ich schaue mich um, einer von denen, die ich sehe, es muss zwangsläufig einer in der Nähe sein, denn der Hund hat gerade erst gekackt, diese kleinen Tiere warten doch nicht lange mit dem Kacken, höchstens einen Wohnblock, wenn sie ein wenig verstopft sind. Wie im Kino sehe ich das Frauchen, das zwei oder drei Minuten vorher den Liftknopf gedrückt hat, aber dann an etwas dachte, oh ja, sagte sie zu sich selbst, was man nicht im Kopf hat, hat man in den Beinen, und sie ist murmelnd umgekehrt, wobei sie das Hündchen hinter sich herschleppte, das quietschte wie eine Ratte in der Falle, das arme Tier muss dringend und der Lift kam und es war schon darauf programmiert, sich auf dem Trottoir zu erleichtern, aber das Frauchen kehrt um, hat sie etwas vergessen?, sie öffnet die Tür zu ihrer Wohnung wieder, wo hab ich ihn hingelegt, er war hier, und der Hund, der zur weit offenen Wohnungstür und zur sich öffnenden Lifttür strebt, aber das Tierchen rutscht auf den blanken Fliesen aus, Mein Lieber, sagt das Frauchen zu ihrem Mann dort in der Küche, Mein Lieber, hast du gesehen, wo der Umschlag ist, den ich abschicken muss, ich habe ihn gestern Abend hierhingelegt, aber der Ehemann antwortet nicht, er tut so, als habe er sie nicht gehört, seine Ehefrau, seine Gemahlin seit mehr als fünfzig Jahren, mehr als ihn zu befragen, hat sie im Grunde mit sich selbst gesprochen und das hat er erahnt, er kennt sie ja gut, nur zu gut, diese Frau, diese Szenen, diese Fragen, es ist nicht das erste Mal, also weicht er dem Dialog aus und blättert die Seite der Zeitung um, wie wenn man in der Bar sitzt, konzentriert und abwesend im ganzen Chaos, aber der Ehemann ist nicht da, der Ehemann ruht seit über drei Jahren zwei Meter unter der Erde, Wo habe ich ihn denn hin, er war hier, siehst du ihn, Papi?, fragt sie das Hündchen, das Hündchen haben ihr die Enkel eine Woche nach der Beerdigung ihres Mannes geschenkt, die Krallen des Tieres klackern auf den Fliesen, während es in Richtung Ausgang zieht, es ist draußen auf dem Treppenabsatz, die Lifttür schließt sich wieder und der Lift wird hinauf- oder hinuntergezogen, oh Papi, ich finde ihn nicht mehr, hast du ihn schon abgeschickt, he?, fragt sie das Hündchen und schaut ihm dabei direkt in die Augen und das Hündchen fängt an, jaulend um sie herumzutänzeln, es kann nicht mehr, armes Tier, es hält seit gestern Nachmittag ein und lässt jetzt laufen... Ooh, wie viele Filme denke ich mir in der letzten Zeit aus. Sie kommen mir ganz plötzlich in den Sinn. Kann es sein, dass ich verarbeite?

73.

Da, wo das Frauchen mit ihrem Hündchen war, kommt jetzt ein Junge auf mich zu, der wer weiß wie lange schon mit dem Headset in sein Handy spricht. Mehrere Autos sind in der blauen Zone geparkt, ich schaue mich um und versuche es mir nicht anmerken zu lassen, dass ich meinen

Volvo suche. Ich war geradewegs auf ein Auto zugegangen, den Schlüssel schon in der Hand, aber einen Meter vor der Tür blieb ich stehen, das war nicht mein Volvo, das war ein anderer Volvo. Einen Moment lang war ich verwirrt und glaubte, ich hätte all die Jahre gedacht, einen blauen Volvo zu haben, dabei hatte ich schon immer diesen schwarzen hier, aber das ist ein Gedanke, der nur einen Moment dauert, dann verschwindet er und ich schaue die Straße hinauf und hinunter. Sie werden ihn mir doch nicht etwa geklaut haben, denke ich und meine Hand geht zum Handy in der Tasche, aber das Risiko, einen dieser Polizisten ankommen zu sehen, die mich schon kennen, hält mich davon ab, die Polizei zu rufen. Ich gehe ein wenig in die eine Richtung, schaue in die Ferne, kehre wieder um, gehe in die andere Richtung, biege um die Ecke, gehe weiter, schaue in die Ferne, gehe um den Block herum, komme am Eingang der Notaufnahme vorbei und kehre zum Ausgangspunkt zurück und bleibe vor diesem schwarzen Volvo stehen. Aber verdammt noch mal, das ist doch nicht möglich, und jetzt? Ich stecke wieder meine Hand in die Tasche, packe das Handy, mache wieder ein Gesicht wie jemand, der nicht etwa sein Auto verloren hat, und gehe wieder los. Anstatt nach rechts biege ich nach links ab und gehe den anderen Block entlang, hier ließ sich das Herrchen eines ziemlich großen Hundes nicht demütigen und fast trete ich hinein und dann nach einigen Schritten stehe ich vor dem Parkhaus des Krankenhauses. Ich betrachte es, wie man eine Erscheinung betrachtet. Wetten, dass ich ihn hier geparkt habe? Wetten, dass es genau so war? Ich wühle in den Taschen, in der linken das Handy, in der rechten ein paar Münzen und die Schlüssel und der Zettel mit den Dingen, die ich erledigen muss, und ein Ticket. Das Ticket vom Parkhaus. Ich vergleiche das Datum und die Uhrzeit, die schwarz draufgedruckt sind, mit denen auf meinem Handy. Sie stimmen überein. Genau heute und vor einer Stunde habe ich hier in diesem blöden Parkhaus geparkt, aber warum nur, wo ich hier doch bezahlen muss, was habe ich mir nur dabei gedacht? Ach, was habe ich mir nur dabei gedacht, wiederhole ich und suche den Volvo. Ach! Was habe ich mir nur dabei gedacht...

74.

Heute nach der Arbeit war ich in einem Haus am Stadtrand, das Tiziano und Luana von einer Bank gekauft haben, die es dem früheren Besitzer entzogen hatte, der weggegangen war und alles darin zurückgelassen hatte. Ich habe einen Sessel mitgenommen und muss dann noch einmal hingehen und eine Matratze holen, die ich auf das Dach des Volvos legen muss, aber heute regnet es. Vorher habe ich den Sessel gereinigt, dann habe ich ein Tranxulliom genommen und jetzt kann ich nicht einmal mehr richtig lesen, so tief wie ich in diesen Sessel und in eine wattierte Stille eingesunken bin, ich könnte in die Bar gehen, sage ich mir, los komm, geh in die Bar, raus hier, an die frische Luft, und dann geh Zeitung lesen und ein Bier trinken, aber vielleicht gehe ich ins Bett, denn ich bin am Einschlafen, ich schaue auf die Uhr, es ist 21.20 Uhr, ich öffne die Tür, um zu sehen, ob mich dieser Handgriff in Gang setzen kann, ich schaue auf die Temperatur, es sind zehn Grad, seit gestern regnet es und es scheint Herbst zu werden und die Berggipfel sind mit Schnee bestäubt. Eine schöne alpine Herbstlandschaft.

75.

Und kaum warst du da, hat dich der Doktor in die Arme deiner Mama gelegt und da lagst du dann einige Minuten lang ganz ruhig, und dann hat er mir eine Schere in die Hand gedrückt und mir gesagt, ich solle die Nabelschnur durchschneiden, und ich habe sie durchgeschnitten, wie eine dieser Berühmtheiten, wenn sie ein Band durchschneiden, um etwas einzuweihen, und ich war bereit, dir Willkommen zu sagen.

76.

Heute habe ich mich fulminant in diese Frau verknallt, sie heißt Alisa, das ist der Name, den ich auf dem Kassenzettel von Coop gelesen habe, den sie mir gab, nachdem ich zwei Brötchen und eine Banane gekauft hatte, ich lese ihn noch einmal, Sie wurden von Alisa bedient. Schon gestern oder vorgestern hatte ich sie gesehen, sie hatte mich zuerst erblickt, als ich in meinem Cool-Wool-Anzug von Versace die Rolltreppe hinunter- und sie hinauffuhr und wir uns auf halber Strecke kreuzten, und auch unsere Blicke haben sich gekreuzt, und als sie sich kreuzten, sagte sie zu mir Ciao und ich sagte zu ihr Ciao, dann habe ich in ihre eisigen Augen geschaut, die sich entfernten und nicht aufhörten, mich anzustarren. Dass dieses mechanische Gerät zum Hinauf- und Hinunterfahren mich von ihr wegführte, ließ mich ihren Blick mit einem Wohlgefühl aushalten, und vielleicht ging es ihr gleich, denn wir starrten uns bis zu dem Moment an, als wir einen Schritt machen und die Rolltreppe verlassen mussten. Ich habe sie dann an der

Kasse der Lebensmittel und auch an der bei der Schokolade wiedergesehen und wir sagten uns Ciao, als sie mir den Kassenzettel gab, aber wir tauschten nur schnelle Blicke aus, denn es gab immer eine Schlange an der Kasse, und so bekam ich Lust, ihr noch einmal auf der Rolltreppe zu begegnen, um sie lange anzustarren. Wer weiß, was passieren kann, wenn ich ihr in einem Lift begegne...

77.

Wenn ich die Fußballspiele filme und mein Sohn bei mir ist, macht es ihm Spaß, mit den Spielzeugautos zwischen den Tribünensitzen zu spielen und auf den Podesten, wo die Fernsehkameras aufgestellt sind. In der Halbzeitpause, vor dem obligatorischen Gang zum Kiosk, um Pommes oder Bratwurst zu essen und Sprite zu trinken, gehen wir auf die Toilette im Stadion und da ist immer ein großer Gestank und Pisse auf dem Boden, von denen, die schnell pissen und dann losrennen, um ein Bier zu trinken. Als wir am letzten Wochenende um den See spazierten, sagte er, Hier stinkt es wie auf den Toiletten im Stadion. Das ist das Wasser, es gibt einen Wetterwechsel, habe ich ihm gesagt, und er hat mich angeschaut und wollte etwas sagen, aber er hat nichts gesagt und ich habe gedacht, vielleicht wollte er mir sagen, dass es auch im Stadion einen Wetterwechsel gibt in der Halbzeitpause, und wenn er das gesagt hätte, dann wäre es dieses Mal an mir gewesen, ihn schief anzuschauen, meinen Sohn.

78.

Sie ist schwanger. Meine Exfrau erwartet ein Kind von ihrem neuen Freund. Ciao Papi, sagte mein Sohn gestern Abend am Telefon, Weißt du, dass im Bauch meiner Mama ein Baby ist? Ich war mit 180 auf der Überholspur und mit Metallica in voller Lautstärke und mit offenen Fenstern und mein Sohn hat mir diese Neuigkeit erzählt und ich habe meinen Fuß auf dem Gaspedal gelassen, bis ich auf dem Pannenstreifen angehalten habe. Dann habe ich den Volvo und auch das Radio ausgemacht und die Fenster geschlossen und bin stehen geblieben und habe die Autos vorbeibrettern sehen, ohne an etwas denken zu können. Ungefähr eine Stunde später hat ein Polizist ans Fenster geklopft und mich gefragt, was ich hier mache, Führerschein, Fahrzeugschein, fühlen Sie sich in der Lage zu fahren? Gut, also fahren Sie doch weiter, auf Wiedersehen und danke.

79.

Ich bin hier und trinke Bier. Ich bin in die Lepre Bianca zurückgekehrt, nachdem ich mehrere Tage in überhaupt keiner Bar mehr war. Heute Abend trägt Eurosia einen Pullover, weil sie an den Schultern friert, sagt sie, es kommt schlechtes Wetter. Einer nimmt sie auf den Arm, Das wird das Alter sein, von wegen schlechtes Wetter, andere lachen, Du bist keine zwanzig mehr, Eurosia... Ich sehe ihnen zu, wie sie Karten spielen, trinken und lachen und scherzen. Könnte ich doch auch in aller Ruhe ein Bier trinken, zwei oder drei Witze erzählen und mich so einfach amüsieren wie die da, ich sehe ihnen zu und begreife nicht, wie man trotz der ganzen Scherereien glücklich sein kann, denn auch sie werden ihre haben. Wer weiß, was sie über mich denken, immer still in einer Ecke mit dem Bierkrug in der Hand. Ich versuche zu lächeln. Vielleicht schaffe ich es. Vielleicht nicht.

80.

Dann habe ich dich mit Hilfe der Hebamme zum ersten Mal gebadet, und als wir dich abtrockneten, hast du uns angepinkelt und dann haben wir dich deiner Mama wieder in die Arme gelegt und dort bist du eingeschlafen, du hattest ja schon einiges erlebt an diesem Abend. Wenn ich die Augen schließe, sehe ich wieder alles vor mir, und niemand, und schon gar nicht Doktor Bianchi, kann es verhindern.

81.

Vor zehn Tagen hatte ich meinen letzten Tag bei Versace. Ich wusste gar nicht, dass es der letzte war. Es war der letzte, weil an diesem Tag, kaum dass wir geöffnet hatten, Lorena, die am Tag vorher freigehabt hatte, mich fragte, Gestern gut verkauft? Nur eine Krawatte, antworte ich ihr und die Filialleiterin Sabrina oder Sabina hat es gehört, obwohl sie weiter hinten war und telefonierte. Nach einer Stunde ruft mich Ferrari von der Zentrale an, um mir zu sagen, dass dies mein letzter Tag bei Versace ist, denn die Filialleiterin Sabrina oder Sabina hat sich beklagt, du hättest still sein sollen, sagt Ferrari barsch, aber mit einer unterdrückten

Fistelstimme, als hätte er nicht lauter werden können, und
dieser gerade einmal genuschelte Vorwurf geht innerhalb
einer Millisekunde in meinen Kopf rein und wieder raus,
er wollte den autoritären Chef spielen, aber er hat nicht
das Zeug dazu, dieser Ferrari. Ich lege auf, ohne etwas zu
erwidern oder mich zu verabschieden. Nun denn, wenn es
so sein soll, dann umso besser, denn an diesem so trauri-
gen Ort wurde ich jeden Tag immer noch trauriger, aber
wie soll man denn die Tage die Wochen die Jahre verbringen in einem Kubus mit einer Glasscheibe wie in einem
Käfig? Jetzt da ich zum letzten Mal aus der Glastür hinaus-
gehe, wird mir klar, dass ich es war, der eingeschlossen war,
der Affe im Zoo.

82.

Gestern bin ich in Samanthas Büro gegangen, um den
Scheidungsantrag zu lesen, denn die Scheidung habe ich
eingereicht. Komm zu mir und wir lesen ihn zusammen,
hatte sie mir eine Stunde vorher am Telefon gesagt. Wir
saßen nebeneinander und beim Lesen berührten wir uns
ab und zu an den Ellbogen, den Knien und auch an den
Hüften, und ein wenig las sie, die nach Kräuterbonbons
roch, und ein wenig las ich und machte mir Sorgen wegen
meinem Atem, denn bevor ich zu ihr hinaufgegangen war,
hatte ich schnell noch ein Bier getrunken, weil ich nervös
war, und so sahen wir aus wie zwei Schüler aus der Mittelstufe, die zusammen das Referat lesen, das sie gemeinsam
geschrieben haben, und ein bisschen bekam ich Lust, sie
zu berühren, die Sami, oh Sami, hörst du, wie gut dein
Spitzname klingt, Sa-mi, es ist ein heller Spitzname und

zwischen der einen Silbe und der anderen müssen sich die Lippen schließen, ein bisschen bekam ich Lust, Sami zu berühren, meine Hand auf ihren Schenkel zu legen oder auch nur ihre Hand zu berühren, was für eine Lust, sie zu berühren, sie zu umarmen, sie zu nehmen und... Also, die erste Seite ist von mir aus okay, ist sie für dich auch okay? Bei den letzten Zeilen habe ich gar nicht mehr zugehört, als sie sie vorlas, ich sage ja, ich vertraue ihr, ich habe keine Wahl. Aber was war das für ein Verlangen, das mich innerlich so erhitzt hat, was war das für ein Gedanke, der mir in den Kopf geschossen ist, das war jetzt wirklich nicht der Moment für solche Begehren, aber ich kann es nicht verbergen, es zu verbergen macht mich auch nicht zu einem besseren Menschen, oder vielleicht doch. Sami hat es bemerkt, einen Moment lang herrschte Schweigen, eines, das alles sagt, als sie die erste Seite umblätterte und mich aus dem Augenwinkel anschaute und bemerkte, dass mein Blick nicht auf die drei Blätter des Antrags gerichtet war, dann habe ich mich geräuspert und gesagt, Jetzt lese ich weiter, und bis zum Ende der Lektüre gab ich mich damit zufrieden, auf meiner ganzen rechten Seite ihre Wärme zu spüren.

83.

An diesem Wochenende ist mein Sohn bei mir, ich habe ihm ein Handy gekauft, und sein eigenes Handy zu haben, das hat ihn ganz stolz gemacht, und vorher hat seine Mutter ihn auf seinem nagelneuen Handy angerufen und ich habe genau gehört, wie sie ihn auf Englisch gefragt hat, Kommst du morgen nach Hause?, und er hat ihr geantwortet, Nein, ich will bei meinem Papi wohnen, genau das hat er gesagt, das war das erste Mal, dass ich ihn das zu seiner Mutter sagen hörte, normalerweise sagt er das nur zu mir, und dann hat er aufgelegt. Nach einer Weile habe ich ihn gefragt, Warum hast du zu deiner Mama gesagt, dass du nicht mehr bei ihr wohnen willst?, und er hat mir gesagt, Über diese Dinge will ich nicht reden.

84.

Es war der Amtsrichter, der geschrieben hat, ich solle ein Handy für meinen Sohn kaufen, damit er und ich kommunizieren können, ohne sie einbeziehen zu müssen, denn mit ihr gibt es immer Probleme und manchmal schaffe ich es ganze drei oder vier Tage nicht, mit meinem Sohn zu sprechen. Der Amtsrichter empfahl angesichts des Alters meines Sohnes eines dieser Handys, mit denen man nur Telefonate annehmen und machen kann. Er hat auch geschrieben, dass sie, meine Exfrau, dafür sorgen muss, dass das Handy immer aufgeladen ist, und dass sie kontrollieren muss, dass es nicht ausgeschaltet wird, und für mich hat er geschrieben, ich solle nur einmal am Tag anrufen, zu einer christlichen Zeit, zwischen 17 und 20 Uhr.

85.

Um die Zeit totzuschlagen, bin ich durch die Geschäfte spaziert und habe mir alles für das Haus und für den Garten angeschaut, donnerstags sind die Geschäfte bis um 21 Uhr geöffnet, und weil ich schon da war, habe ich mir eine Odontoglossum-Orchidee gekauft, die aus den Bergregionen Mittel- und Südamerikas stammt, so was weiß ich, weil ich es im Internet studiere. Mit meiner schönen Orchidee in der Hand bin ich zu Coop gegangen, um mir Brot und Salami und Bier zu kaufen, denn ich mache Nachtdienst, das Kongresshaus überwachen, wo etwas stattfindet, das mit Informatik zu tun hat, alles Stände mit den Marken von Stereoanlagen und Fernsehern und Computern. Ich bin allein hier in dieser Messe, es ist tiefste Nacht und ich schreibe auf ein Stück Papier und mache mir mit der Taschenlampe Licht, ich schreibe, dass ich vorhin bei Coop Samantha getroffen habe, mein Herz schlug mir gegen das Brustbein, jetzt lade ich sie aber wirklich zu einem Kaffee ein, aber dann hat sie mir ihren neuen Freund vorgestellt, fester Händedruck, entschlossener Mann, Schöne Pflanze, sagt Samantha zu mir, was ist das, eine Orchidee? Ja, antworte ich, eine Orchidee, und ich sehe sie Hand in Hand davongehen.

86.

Der Oktober vergeht wie im Flug, die letzte Wärme, die erste Kälte, die faulen Blätter auf den Trottoirs, die Frauen, die morgens früh mit Handschuhen und Schals aus dem Haus gehen und zügig in kniehohen Lederstiefeln herumlaufen, die sie gerade gekauft haben, und sie konnten es nicht erwarten, sie anzuziehen, und dann kommt am Nachmittag die Wärme, aber schwitzen die nicht an den Füßen?

87.

In zehn Tagen wird mein Sohn fünf Jahre alt und seit einer Woche schon schicke ich meiner Exfrau Nachrichten, um sie zu fragen, was wir zu seinem Geburtstag machen, Machen wir es wie im letzten Jahr?, obwohl ich weiß, dass es nichts Ähnliches wie im letzten Jahr geben wird... Im letzten Jahr hatten wir in der Stadt gefeiert, dort, wo diese wöchentlichen Treffen stattfinden, wir hatten unseren Sohn dorthin gebracht, seitdem er ein Jahr alt war, es war ein Treffpunkt für internationale Familien, organisiert von Jennifer, einer dieser drei oder vier Jennifers, es wurde Englisch gesprochen und dort hatten wir auch ein paar gute Freunde kennengelernt, amerikanische, chinesische, schwedische, mexikanische undsoweiter undsofort. Und im letzten Jahr waren viele seiner amerikanischen, chinesischen, schwedischen, mexikanischen undsoweiter undsofort Freunde gekommen und auch die australische Großmutter, mit der ich früher gut zurechtkam, ich war ihr Kleiner hier und ihr Kleiner da, und was für ein Buch willst du zum Geburtstag, und was für ein Buch soll ich dir zu Weihnachten schicken, aber die Dinge sind nicht mehr so, hat mir der Bruder meiner Exfrau gesagt, als wir das letzte Mal miteinander telefonierten, er hat mir gesagt, es wäre besser, nicht mehr anzurufen, denn du möchtest bestimmt nicht hören, was die Großmutter dir sagen könnte. Im letzten Jahr hatte unsere mexikanische Freundin zum Geburtstag meines Sohnes diese schöne Pignatta gemacht, wir haben in dieser Gruppe bei jedem Fest immer einen Haufen Pignattas gemacht, auch an Weihnachten. Ich habe also geschrieben, Organisieren wir es noch einmal wie im letzten Jahr, und jetzt stehe ich da mit dem

Handy in der Hand und habe die Nachricht noch nicht abgeschickt. Sie müssen sie vergessen, es wird hart sein, aber Sie müssen sie vergessen, denn sonst springen Sie früher oder später hier herunter, wir sind nämlich im fünften Stock. Ich lese die Nachricht noch einmal und lösche sie.

88.

Ich habe gerade meinen Sohn auf seinem Handy angerufen, um ihm Gute Nacht zu sagen, und er hat mich gefragt, Wann kommst du mich denn abholen? Und im Hintergrund hört man sie, wie sie ihm auf Englisch sagt, er solle sich verabschieden, du musst baden, aber dann sage ich ihm, dass wir reden können, solange wir wollen, dass das Bad schließlich nicht wegläuft, also plaudern wir weiter. Am Telefon plaudern wir immer mindestens zehn oder zwanzig Minuten. Mit seiner Mutter am Telefon sind es ungefähr zwanzig Sekunden. Mein Sohn, sage ich zu ihm, wir sind die besten Freunde. Das Leben ist groß und eines Tages wirst du das alles begreifen. Wie groß? fragt er mich. Er hat mich auf dem falschen Fuß erwischt, ich weiß nicht, was ich ihm aus dem Stegreif antworten soll. Ich müsste darüber nachdenken.

89.

Ich glaube, dass auch mein Volvo auf die eine oder andere Weise leidet, denn in letzter Zeit hat er ständig etwas. Heute habe ich an der ersten Werkstatt angehalten, die ich unten im Tal gesehen habe, hier halte ich normalerweise zum Tanken oder wegen der Waschanlage, und ich sage zum Mechaniker, dass bei über 120 das ganze Lenkrad vibriert, er nimmt vorne die Reifen ab und wuchtet sie aus, Der linke ist okay, sagt er, aber der rechte hat eine Unwucht von 45 Gramm, du wirst wohl einen Schlag abbekommen haben. Vor ein paar Abenden habe ich beim Fahren eine Nachricht an Manuela geschickt und den Bordstein gestreift. Das ist es, sagt der Mechaniker. Aber dann bockt er ihn auf und schaut unter meinen Volvo und sieht, dass die Manschette der rechten Antriebswelle kaputt ist, Die müssen wir austauschen, und auch die linke ist kaputt, die müssen wir auch austauschen. Und dann erzähle ich ihm, dass er mir bei niedriger Umdrehung stottert und keine Kraft hat, als hätte er eine Kartoffel im Auspuff, aber wenn ich dann auf mehr als zweitausend Umdrehungen komme, schießt er los, als hätte er den Turbo. Also wirft er einen schnellen Blick darauf, Heute habe ich keine Zeit, aber wenn du ihn wegen der Manschetten vorbeibringst, sehe ich mir alles an, und dann sieht er, da ist Öl auf dem Zylinderkopf, wie bei einem Leck in der Dichtung, aber da ist noch mehr Öl, außen rum, wo sich der Zündverteiler verbindet, Vielleicht ist es die Dichtung des Zündverteilers, sagt er, und dann sind die Reifenmantel außen abgenutzt, sagt er noch, man müsste die Spur einstellen, aber fahr einfach so weiter, bis die Reifen kaputt sind, dann stelle ich sie dir ein, wenn wir sie wechseln. Und das, wenn man bedenkt, dass ich ihm im Januar eine Stange Geld bezahlt habe, als ich ihn zur Kontrolle bringen musste. Aber so hat auch er, mein Volvo, mit mir zusammen zu leiden angefangen, wie dieser Olivenbaum im Garten meiner Eltern, den wir vor vier Jahren meiner Mutter zum Geburtstag geschenkt hatten, es war das erste Geburtstagsgeschenk meines Sohnes an seine Großeltern. Die Pflanze ist im letzten Mai vertrocknet, als ich die Wohnung unten in der Stadt verlassen habe und hierher in die Berge gezogen bin. Sie war wie vom Schlag getroffen und dann heißt es, dass nur wir Menschen Gefühle haben...

90.

Ich rufe meinen Sohn an, aber er geht nicht dran, ich rufe sie an, aber sie macht beim ersten Klingeln das Handy aus und ich stehe da und stelle sie mir vor, wie sie ihr übliches Schimpfwort auf Englisch ruft und dann ihr Handy auf das Sofa wirft, das graue, wegen dem wir beim Umzug so geschwitzt und es verflucht hatten, oder auf das wie immer ungemachte Bett... Also ist mein Sohn nicht zu Hause und sie ist nicht bei ihm, vielleicht feiert er irgendwo Halloween. Im letzten Jahr hatten wir mit dieser internationalen Gruppe ein großes Fest gefeiert, das eine der vielen Jennifers organisiert hatte. Mein Sohn hatte sich als Pirat verkleidet und ich hatte den ganzen Abend die Gesichter der Kinder bemalt, auch das eines syrischen Neugeborenen, während es schlief. Für die Buben malte ich Schauriges und für die Mädchen Katzengesichter, und nach dem Fest haben wir eine Runde gedreht, Süßes oder Saures, und bei Leuten geklingelt, die wir kannten und denen wir vorher Bonbons und Schokolade gegeben hatten, die sie dann den Kindern schenken sollten, und die Stadt war ein magischer Ort.

91.

E-Mail an Tiziano und Luana. Leute, ich bin noch am Leben, aber sie lässt mich Höllenqualen leiden, mit ihrem totalen Schweigen und ihrer Art, mir Knüppel zwischen die Beine zu werfen, zum Beispiel wollte ich mit meinem Sohn ein Wochenende zu Manuela nach Genua fahren, aber sie hat ihm seine Identitätskarte nicht in den Rucksack gesteckt und geht nicht ans Telefon, sodass ich sie nicht holen kann. Mein Sohn war dieses Wochenende bei mir, aber nicht in der Hütte, wir waren bei meinen Eltern, weil ich nachts arbeite. Nachts Wachdienst und tagsüber mit ihm spielen. Gestern hat ihn seine Mutter angerufen und wird ihn etwas gefragt haben wie, Kommst du heute nach Hause?, und er hat angefangen zu weinen und hat ins Telefon gebrüllt, Nein, ich will nicht mehr bei dir wohnen, und hat aufgelegt. Macht's gut.

92.

Heute habe ich die Zentrale angerufen und Ferrari ging dran, Ich rufe dich an, weil heute Monatsende ist und ich den Arbeitsplan für den November noch nicht bekommen habe. Den hab ich dir doch schon vor vier Tagen geschickt, sagt mir Ferrari. Ich suche im ganzen Haus, finde aber keinen Umschlag, also schaue ich als letzte Hoffnung im Altpapier nach und sehe, dass sie mir zwar den Arbeitsplan geschickt, aber null Stunden gegeben haben, genau deshalb hatte ich ihn weggeworfen, ich erinnere mich nicht mehr daran, ihn weggeworfen zu haben, aber vielleicht habe ich es aus lauter Aufregung getan, dass sie mir null Stunden gegeben haben, Null, sage ich zu ihm und er sagt, Mach dir keine Sorgen, irgendwas wird sicher herausspringen, Ciao, wir hören voneinander, und legt auf. Mach dir keine Sorgen... das sagt sich so leicht, er, der seinen Hintern im Warmen hat. Ich werde bestimmt keine 52 Wochenstunden arbeiten können wie bei Versace, gerade jetzt, wo ich dringend Schulden bezahlen muss, da ist zum Beispiel dieser Pfändungsbescheid, wenn ich bis zum 22. November keine 4345 Franken zahle, kommen sie am 23. November um genau 13.30 Uhr hierher, so steht es auf dem Pfändungsbescheid, und pfänden mir, ich weiß schon was, sie pfänden mir den Volvo. Dabei betrifft diese Pfändung auch meine Exfrau und Samantha arbeitet daran, aber die Sache zieht sich in die Länge, wie es oft passiert bei diesen Dingen, wenn Anwälte, Richter undsoweiter im Spiel sind. Und dann ist da noch Paola, die mir die letzten 250 Franken für die Übersetzungen der Chinesen schuldet, und Francesco schuldet mir 875 Franken für das Filmen der Fußballspiele. Und dieser Ferrari mit dem Hintern im Warmen sagt, ich soll mir keine Sorgen machen.

93.

Wenn ich am Computer schreibe, benutze ich den Mittelfinger der linken Hand und ich benutze auch den Mittel- und den Zeigefinger der rechten, und dann benutze ich für die Leertaste den rechten Daumen, dessen Fingernagel schief wächst, so stark haue ich auf diese Leertaste drauf.

94.

Und dann nervt es mich, dass sie ihn mit Plastikstiefeln Schuhgröße 33 losschickt, dabei hat er die 29, ich gebe ihr 800 im Monat für unseren Sohn und nicht für ihre Zigaretten.

95.

In der Lepre Bianca ist alles bereit. Eurosia hat mir geholfen, eine Girlande aufzuhängen, dann haben wir alle Tische verschoben und zusammengestellt, damit sie einen einzigen großen Tisch ergeben, und mit den Stühlen außen herum sind es an die zwanzig Plätze. Als mein Sohn und ich hereinkamen, waren alle Plätze besetzt, wir haben auf den ersten Blick nur zwei oder drei Gesichter erkannt, weil das Licht aus war, mein Sohn hat meine Hand fest gedrückt, vielleicht hat er sich ein wenig gefürchtet, aber dann ist aus der Tür hinter der Theke Eurosia gekommen, mit einer großen Torte in den Händen und einem Haufen brennender Kerzen darauf, die für eine schöne Atmosphäre sorgten, und dann wurde die schöne Atmosphäre noch schöner, als sich die Anwesenden umdrehten und dich anschauten und zu singen anfingen, Zum Geburtstag viel Glück, und mir kommen fast die Tränen, während du die Augen aufgerissen und gestrahlt hast.

96.

Heute ist, glaube ich, auch der andere Rhododendron eingegangen, den ich gestohlen hatte, vor ein paar Tagen hatte ich bemerkt, dass seine Blätter komisch waren, also hatte ich ihn gut gegossen und die Erde um ihn herum aufgelockert, aber nichts... Wozu habe ich sie denn gestohlen, wenn sie mir nachher eingehen?

97.

Und schon wieder bin ich hier in der Bar Lepre Bianca mit einem Bierkrug in der Hand und einer Zwergorchidee aus Plastik mitten auf dem Tisch, Eurosia ist da, die mit Gaia eine Runde Scopa spielt, sie fordern Angelo und Rino heraus, und ein Betrunkener ist da, der aufsteht und geht, und dann kommt der Hund Ford herein, der Gaias Hund ist. Im kleinen Fernseher läuft der Film Zeit des Erwachens mit De Niro, ohne Ton, denn im Radio kommt ein Fußballspiel. Und ich bin hier, weil heute Feiertag ist, Allerseelen, ich wollte in Gesellschaft ein Bier trinken, denn vorhin hat sie mir mit einem harten Nein auf meine Nachricht geantwortet, in der ich ihr sagte, dass ich meinen Sohn für das Wochenende abholen komme, aber sie will nicht und sagt nichts mehr dazu, sie hat nur geschrieben nein, alles in Kleinbuchstaben und nicht einmal ein Punkt, vier Buchstaben, die dir den Atem rauben, die Wucht eines Fußtritts in die Eier, und ich bin ohnmächtig gegenüber alldem, denn ich kann nicht einfach hinunter in die Stadt fahren und meinen Sohn abholen, dazu braucht es eine einvernehmliche Regelung im Rahmen dieses blöden gemeinsamen Sorgerechts. Aber sie entscheidet nur für sich selbst, also muss ich Samantha anrufen, das erhöht meine Ausgaben, aargh!, wie viel du mich kostest, liebe Samantha, aber da kann ich nichts machen und sie auch nicht, sie macht nur ihre Arbeit, aber so geht das nicht, ich war glücklich zu Hause und suchte die Zeichentrick- und Dokumentarfilme über Tiere zusammen, die wir gemeinsam anschauen wollten, und dann muss ich an diesem Wochenende auch ein Fußballspiel filmen und ihm gefällt es sehr, mit mir in die Stadien zu kommen, es gefällt ihm zu brüllen und Fan zu sein, während er mit seinen Spielzeugautos spielt, und es gefällt ihm, mit mir zusammen zu filmen, er ist mein Kameraassistent, trägt das Stativ auf der Schulter und dann bestellt er sich ein Sprite und ein Sandwich mit Salami am Kiosk unter der Haupttribüne, und wenn die Spieler aus den Umkleidekabinen kommen, bleiben sie kurz stehen, um mit ihm zu reden, denn jetzt kennen sie ihn, give me five, und einmal hat ihn der Torhüter auf den Arm genommen, um ein Foto zu machen. Aber dann sind auf dem Display meines Handys diese vier kleinen Buchstaben aufgetaucht, nein, also bestelle ich mir jetzt ein weiteres Bier, ich kann nämlich nichts machen, nur still runterschlucken, und Rino ruft Scopa.

98.

Die Zwergkiefer hingegen war gut angewachsen, sie hatte vielleicht den richtigen Boden gefunden und auch den richtigen Platz. Aber sie hat mir gar nicht gefallen, diese Zwergkiefer für Stadtbalkone, und da habe ich sie ausgerissen und zum Feuermachen in den Holzschuppen geworfen.

99.

Ich bleibe einfach gerne nackt auf der Kloschüssel sitzen und trinke das Bier aus, das ich während dem Duschen getrunken habe. Ich bleibe gerne so sitzen und denke an so vieles, denn das ist wirklich ein guter Platz und vor allem ein guter Moment des Tages, um nachzudenken. Meine Exfrau hat mir das immer vorgeworfen, Was zum Teufel machst du denn hier? Und ich sagte zu ihr, Ich denke.

100.

Als ich zweiundzwanzig war, fuhr ich nach Sydney. Genauso gut hätte ich auch nach Amerika oder England fahren können, um Englisch zu lernen. Ich hatte aber Australien gewählt. Vielleicht hätte ich nach London oder San Francisco fahren sollen, aber das Leben ist groß, mein Sohn, wirklich groß. Du wirst sehen.

101.

Wenn sie mir jetzt nicht so schnell wie möglich die Scheidung anerkennen, bringt meine Exfrau ein Kind auf die Welt, das von mir nur den Nachnamen haben wird, also hoffen wir, dass der Amtsrichter und die Anwältinnen und die ganze Bürokratie, die um diesen Zirkus einer Trennung kreist, sich einigen, die Dinge ziemlich schnell zu regeln, denn Zeit lässt sich bei diesen Dingen leicht verlieren, also hoffen wir, dass es nicht mit meinem Nachnamen geboren wird, ich habe nämlich schon genügend Scherereien, die ich in den Griff bekommen und verdauen muss, und von mir hat es wirklich gar nichts, außer dass seine Mutter meine Frau war.

102.

Offenbar habe ich mit meinen ganzen Scherereien noch nicht genug am Hals, denn es sieht wirklich so aus, als ob die Scherereien mich nicht in Ruhe lassen wollen und sich an mich hängen, ohne dass ich herumgehe und sie suche wie Hundescheiße unter den Schuhen, aber ich bin immer hinterher, die Scheiße abzuputzen, und solange Scheiße da ist, muss ich sie putzen, wie zum Beispiel heute Morgen, wir müssen früh aufstehen, aber mein Sohn will noch ein bisschen schlafen, obwohl ich sagen muss, dass er samstags und sonntags immer vor mir aufwacht und mich vom Bett herunterzieht, um zu spielen. Also früh aufstehen, frühstücken und anziehen in aller Ruhe, ganz ruhig, denn der Montagmorgen, wenn er wieder in den Kindergarten gehen muss, ist einer der Tage, an denen er wegen nichts die Krise kriegt, weil wir uns dann nicht mehr sehen bis zum Freitag, wenn ich ihn am Eingang vom Kindergarten abhole. In Ruhe, ohne Stress brechen wir in den Bergen auf und fahren in die Stadt hinunter. Ich begleite ihn bis in den Kindergarten hinein, heute Morgen ist die Erzieherin Ilenia nicht da, sondern eine Vertretung. Mal sehen, ob ich deinen Namen noch weiß? Du bist Giacomo, sagt die Vertretung, die absichtlich den falschen Namen gesagt hat, um ihn zum Lachen zu bringen, sie sieht sympathisch aus und er ist ziemlich glücklich, Kuss Umarmung langsam langsam ohne Stress, In wie vielen Tagen holst du mich ab?

In vier Tagen. Und wie viel sind vier Tage? Vier Tage heißt, jedes Mal, wenn du abends ins Bett gehst, geht einer vorbei. Er schaut mich schief an. Hoffen wir, dass es schneit, dann fahren wir Schlitten, okay? Noch einmal Kuss Umarmung Ciao, wir sehen uns, ich rufe dich heute Abend an.

103.

Ich sehe ihm nach, wie er weggeht und sich im Spielbereich unter lärmende Kinder mischt. Ich folge ihm mit dem Blick, er muss meine Augen auf sich gespürt haben, denn irgendwann hebt er den Kopf und begegnet meinen Augen. Ciao, sagt er leise, wie wenn man mit jemandem auf der anderen Seite einer Scheibe spricht und weiß, dass er dich sowieso nicht hören kann. Er winkt mir zu. In diesem Moment müsste ich ihm zulächeln und weggehen. Ich versuche zu lächeln und denke dabei an die Worte von Doktor Bianchi, es gelingt mir, wenn auch nur mit dem Mund, aber plötzlich schnürt sich mir der Magen zusammen und ich muss einen Brechreiz unterdrücken, zu lächeln kommt mir jetzt unpassend vor und meine Anwesenheit hier, stocksteif im Foyer des Kindergartens, zum Schämen lächerlich. Ich gehe im Laufschritt weg, laufe weg, um mir das Medi-7 auffüllen zu lassen.

104.

Heute ist eine neue Krankenschwester da, eine junge hübsche, mit Reitstiefeln, sie muss aber noch in Ausbildung sein, denn da ist ein Typ, der sie kontrolliert, und all das kostet mich Zeit, sie muss alles vorschriftsmäßig und genau machen und sie ist auch unbeholfen, sie ist nämlich keine Expertin im Hantieren mit dem Medi-7 und den Tablettenschachteln wie diese andere Krankenschwester, die mit den Ringen, aber lassen wir sie machen, auch sie muss ihre Arbeit lernen, aber langsam beginne ich zu denken, gib mir doch endlich diese Tabletten, ich hab es eilig, ich denke daran, dass ich im Parkverbot geparkt habe, denn da unten findet man nie einen freien Parkplatz, und daran, dass ich mir einen Strafzettel hole, daran denke ich noch gar nicht. Aber dann bleibe ich ruhig, ganz ruhig, ohne Stress, denn das ist einer dieser Vormittage, wenn da etwas schiefgeht, dann weiß ich nicht, was dann passieren kann. Aber wenn ich ihren unerfahrenen Händen und Fingern zuschaue, wie sie hantieren und öffnen und auspacken und wieder öffnen, werde ich unruhig und wahrscheinlich ist es, weil der Typ, der sie kontrolliert, gemerkt hat, dass ich diese schönen jungen ringlosen Finger und die gepflegten Fingernägel betrachte, ich muss meinen Blick abwenden und aus dem Fenster schauen, ein Doppelglasfenster, das innere ist sauber, aber das äußere nicht. Dann packe ich schnell das Medi-7, Ciao bis zum nächsten Mal, und weg zum Volvo, zum Glück habe ich keinen Strafzettel, und ich muss losrasen, um bei der Osteria Bivio die beiden Kopien des Fußballspiels abzugeben, die ich am Samstag gefilmt habe, und Francesco kommt dann im Laufe des Tages vorbei, um sie abzuholen, es ist viel Verkehr, atme tief ein, du kannst nichts machen, wenn viel Verkehr ist, ich bin gerade auf die Autobahn gefahren, da klingelt mein Handy, Ciao, hier ist Samantha, Ja, ich weiß, dass du das bist, ich habe es auf dem Display gesehen, was gibt's? Ich will dich daran erinnern, dass du heute Vormittag vorbeikommen sollst. Ja, ich weiß, ich erinnere mich, in einer halben Stunde bin ich da. Und dass du deine Wohnsitzbestätigung mitbringen sollst. Ja, ich weiß, ich habe sie hier bei mir. Also, dann sehen wir uns gleich, Ciao bis gleich. Wie ein Pfeil komme ich in der Osteria Bivio an und hinterlasse den Umschlag mit den DVDs, aber dann muss ich wenigstens noch einen Kaffee trinken, denn mit dieser Osteria dürfen wir es nicht verspielen, Francesco und ich, der Besitzer fungiert immerhin als Vermittler, ich hinterlasse die DVDs mit den Spielen und Francesco hinterlässt mein Geld, also ist es okay, wenn ich fünf Minuten verliere für einen Kaffee oder ein Bier oder für zwei Witze mit dem Besitzer oder seiner Frau. Ich trinke schnell einen Kaffee, den mir die Frau des Besitzers macht, sie wird bestimmt schon ihre fünfzig Jahre alt sein, aber Francesco sagt, er würde sie, die Frau des Besitzers, gerne mit in den Keller nehmen. Ich trinke schnell den Kaffee, verabschiede mich, bedanke mich und eile zu Samantha, um ihr die Wohnsitzbestätigung zu bringen und den Scheidungsantrag zu unterschreiben.

105.

Aber das hier ist doch kein Original, sagt Samantha zu mir. Was?, sage ich außer Atem, denn ich bin die Treppen hochgerannt und habe gar nicht zugehört, was sie mir sagte, ich betrachtete nur ihre Hände, die die Blätter in die Hand nahmen, Was? Das ist kein Original, das ist eine Kopie und fast fünf Monate alt ist sie auch. Wusste ich's doch. Also auf und los, ich rase hinauf zur Gemeinde in den Bergen mit 180 auf der Autobahn, um eine neue zu holen, ich fahre hin und her in knapp einer Stunde, die Tankanzeige leuchtet, das fehlt mir noch, dass ich liegen bleibe, wieder schnell die Treppen hoch und wieder Samanthas Hände, Aber da fehlt ja die Unterschrift des Gemeindesekretärs, sagt sie und da rufe ich in der Gemeinde an, um eine neue ausstellen zu lassen und sie dieses Mal aber per A-Post schicken zu lassen, denn sie muss morgen bei der Marchesi sein, morgen bekommt sie nämlich auch den Scheidungsantrag, den ich gerade unterschrieben habe und den Samantha noch heute abschickt. Und wenn ich schon hier bin, kann ich ja den Volvo in die Werkstatt bringen, um die Manschetten der Antriebswelle austauschen zu lassen, aber ich schaffe es nicht mehr rechtzeitig, es ist fast Mittag, ich tanke und fahre zu Coop und kaufe Bier und Brot und dann fahre ich hinauf in die Berge und verziehe mich ins Haus, denn wenn ich hier noch anfange, etwas anderes zu machen, wer weiß, ob ich mir dann am Ende nicht noch weitere Scherereien aufhalse, das heute Morgen war nämlich für mich schon zu viel und mehr würde ich nicht vertragen. So, das habe ich sagen müssen und jetzt mache ich die Flasche auf und trinke.

106.

Wenn wir uns alles erzählen wollen, allen Nervkram, dann muss ich auch noch sagen, dass mir dieser neue Drucker auf den Sack geht, den ich gerade gekauft habe und der der günstigste war, den sie hatten, okay, er kostet wenig und was willst du schon erwarten, und er ist schön, schön für einen Drucker, er macht auch Fotokopien und er hat sogar einen Scanner, aber ich weiß nicht einmal, wofür ich ihn gebrauchen kann, den Scanner. Ich schließe ihn an meinen Computer an, der ja nicht meiner ist, mein Cousin hat ihn mir geliehen, meiner gehört nun ihr, meiner Exfrau, also schließe ich den Drucker an meinen Computer an und drucke eine Seite aus, um zu sehen, wie es wird, es wird gut, also fange ich an zu drucken und er druckt und druckt und dann zeigt mir der Computer ein kleines Fenster, in dem steht, dass die Druckerpatrone gleich leer ist. Ich schaue die Blätter an, sie kommen verblasst heraus, sodass ich den Druckvorgang unterbrechen muss, aber bis er anhält, kommen noch sieben oder acht noch verblasstere Seiten heraus. Ich habe ungefähr einhundert Seiten gedruckt und dann war die Patrone schon leer und mich hat das so aufgeregt, es ist doch nicht möglich, dass ich zwanzig Franken für eine Patrone ausgeben muss, um hundert Seiten zu drucken, das ist doch nicht möglich, aber vielleicht ist diese Patrone defekt und irgendwas ist einfach immer und das sage ich nicht nur so, wirklich nicht.

107.

Ab und zu, wenn ich zu Hause bin, öffne ich die Kaffeedose und rieche daran, ich mag ihn nämlich sehr, diesen Geruch. Jeder hat seine eigenen Manien. Bei mir ist eine von vielen diese hier.

108.

Es stimmt wirklich, dass immer irgendwas ist, wie zum Beispiel heute, als ich zwei Zürcher Arbeiter überwachte, Telefontechniker, die unten in der Stadt bei der Swisscom etwas machen mussten, das ist ein Gebäude gleich hinter der Filiale von Coop, wo ich oft einkaufe. Ich musste nur die Türen mit einer Magnetkarte auf- und zumachen und war schon seit mehreren Stunden dort, als ich eine Nachricht bekomme, sie ist es, die mir sagt, dass ich am Wochenende meinen Sohn nicht abholen kann, weil sie beschlossen hat, dass ich ihn ab jetzt nur noch jedes zweite Wochenende abholen kann, und sie schreibt auch, dass sie das zum Wohl unseres Sohnes so beschlossen hat. Ich lese diese Nachricht und bleibe bestürzt stehen, mit dem Handy in der Hand, ich sacke zusammen, ich weiß nicht, ob ich lachen soll oder was sonst, ich weiß nicht mehr, was ich von dieser Frau halten soll, also rufe ich sofort Samantha an, aber ihre Sekretärin sagt mir, dass sie nicht da ist. Aha, sage ich mir, aha. Sie ist bis morgen Nachmittag nicht da, sagt die Sekretärin noch, ich hätte es mir ja denken können, denn es ist wirklich so, wenn der Tag schief beginnt, dann stimmt es wirklich, dass auch weiterhin alles schiefgeht oder noch schlimmer, und meiner hatte wirklich schief angefangen, mein Tag, denn um sieben komme ich unten in die Zentrale, wo ich meinen Volvo stehen lassen muss, um den Smart der Sicherheitsagentur zu nehmen, wie es für diese Art von Wachdienst vorgeschrieben ist, ich wäre schneller gewesen mit meinem Volvo, aber hin und umsteigen und los und wieder her, diese Vorschriften sind nur dazu da, um dir Zeit zu stehlen. Ich muss auch die elektronischen Schlüssel der Swisscom holen, um diesen Zürcher Arbeitern die Tür aufzuschließen, und Ferrari sagt mir, dass ich meinen Volvo nicht in der Garage der Agentur auf dem Platz des Smart parken kann, er sagt es mit seinem so starken Mundgeruch, dass ich zwei Schritte Abstand halten muss, Ach nein? Warum denn, frage ich ihn. Und dass ich ihn auf einem öffentlichen Parkplatz draußen auf der Straße parken muss. Hier draußen?, sage ich und versuche ruhig zu bleiben, auch wenn ich langsam nervös werde, Aber da werde ich sicher einen Strafzettel bekommen, sage ich zu ihm, ich muss ihn den ganzen Tag stehen lassen und hier gibt es nur Parkplätze für eine Stunde, hättest du mir das früher gesagt, hätte ich ihn oben am Stadion gelassen, wo es für 24 Stunden gratis ist, aber jetzt schaffe ich es nicht mehr, zum Stadion zu fahren, um meinen Volvo zu parken und dann wieder rechtzeitig hierherzukommen, sage ich zu ihm, Nein, das schaffst du nicht mehr rechtzeitig, sagt er, Genau, das macht dann ganz sicher vierzig Franken Buße, Achtzig sagt er, Siehst du, rege ich mich auf und brülle, achtzig! Die Polizisten hier in der Stadt sind Mistkerle, schreie ich ihn an, Mistkerle wie du, der mich den Volvo nicht unten in der Garage auf dem Platz des Smart parken lässt, und wie die, die mich an diesem Wochenende meinen Sohn nicht sehen lässt, aber das sage ich ihm nicht.

109.

Als deine Mama schwanger war, hat sie einen Yogakurs für schwangere Frauen besucht und manchmal habe auch ich mitgemacht und ich erinnere mich, dass ich ihr entspannende Rückenmassagen machen musste. Als du dann geboren warst, hat deine Mama einen Massagekurs für Neugeborene besucht und auch da kam ich mit und dir gefiel es so gut, dich ganz nackt und eingeölt massieren zu lassen, dass du immer gepinkelt hast, so sehr hast du dich entspannt. Und ein anderer Kurs, den wir besucht haben, kaum dass du geboren warst, und auch da kam ich mit, war ein Kurs im Wasser, und jetzt schwimmst du wahnsinnig gerne.

110.

Ich habe gerade meine Anwältin angerufen und sage zu ihr, Ciao Samantha, hör mal, das geht mir alles so auf den... und sie sagt Sack. Hat sie das wirklich gesagt oder habe ich es falsch verstanden? Und wegen dieser Sache, dass mir gestern meine Exfrau diese Nachricht geschickt hat, sagte sie, so geht das nicht weiter und sie wird sofort die Marchesi anrufen, und dann hat mir Samantha auch gesagt, dass sie schon dieses Formular ausgefüllt hat, um dafür zu sorgen, dass das kleine Wesen, das meine Exfrau im Bauch trägt, nicht mit meinem Nachnamen geboren wird, sagt sie, sondern den Nachnamen deiner Exfrau bekommt, denn wenn es zur Welt kommt, wird eure Scheidung noch nicht anerkannt sein, das dauert nämlich noch sechs Monate und... Sechs? Ich unterbreche sie ungläubig, Ja, mindestens sechs, wenn sich alle in diesem Zirkus einen Ruck geben, mindestens sechs, sagt Samantha, denn manchmal spricht sie, als wolle sie mit mir im Einklang sein. Oder ich bin es, der das glauben will.

111.

Ich lese hier dieses Buch von diesem italienischen Schriftsteller, der mir sehr gut gefällt, mich mit diesem Buch aber ein wenig enttäuscht. Es liegt hier neben dem Bett auf dem Boden und ich schaue es an, aber ich habe keine

Lust, es aufzuheben, es hat nämlich etwas Unzusammenhängendes, man blättert nur mühsam von einer Seite auf die andere, dabei ist doch genau das, dass man die Seiten so mühelos umblättert, das Grandiose an diesem Schriftsteller, aber eben nicht bei diesem Buch hier, und darum glaube ich, dass ich es nicht zu Ende lesen werde, denn ich bin ein Snob, was Bücher betrifft, Anna hat das zu mir gesagt, dass ich ein Bücher-Snob bin, wenn ich bis zur zehnten Seite komme und es hat mir noch nichts gesagt, dann lasse ich es bleiben.

112.

Heute habe ich Reto besucht, tock tock, darf ich, ich öffne und gehe hinein, Reto, bist du da? Er wohnt knapp hundert Meter von mir entfernt in einer Steinhütte mit einem Dach aus Steinplatten, einer der vielen Hütten, die es hier im Dorf gibt. Er wohnt dort, seitdem er vor etwa achtzig Jahren geboren wurde, aber wenn du ihn siehst, dann sagst du, achtzig? Er ist der Typ von Mensch, der nie geheiratet hat, der nie das Dorf verlassen hat und der sein ganzes Leben immer die gleiche Arbeit gemacht hat, Bauer sein ganzes Leben lang. Reto ist auch der Typ, der fast das ganze Jahr barfuß herumläuft, er ist nicht der Einzige, der von April bis November barfuß herumläuft, aber wenn du ihn mit nacktem Oberkörper siehst, und so sieht man ihn auch meistens in der Bar, dann sagst du dir, achtzig? Und dann ist er der Typ, den du besuchen gehst, du setzt dich neben ihn und erzählst zwei oder drei Witze, eher zwei als drei, aber das, was er dir sagt, ist von der Sorte, dass du denkst, achtzig?

113.

Als dann mein Sohn und ich zum ersten Mal miteinander kommuniziert haben, war es so, dass er gegähnt hat, und da musste ich auch gähnen.

114.

Ich habe keine Ahnung, was mich packt, vielleicht weil der Winter kommt oder weil ich eine schwere Zeit durchmache, Tatsache ist, dass ich alle meine Kleider schwarz färbe mit einem Färbemittel, das ich bei Coop kaufe, man steckt die Kleider in die Waschmaschine und anstatt Waschmittel gibst du dieses Färbemittel hinein. Im Moment habe ich in der Waschmaschine eine Jacke, die vorher olivgrün war, es ist nämlich eine Militärjacke, und dann wird sie schwarz sein.

115.

Dieses Buch da, das ich nicht mehr lesen wollte, das habe ich, kaum dass ich wach war, heute Morgen zu Ende gelesen, denn ich hatte nichts anderes zu tun.

116.

An diesem Wochenende, das kommt, muss ich zwei Fußballspiele filmen, zwei Derbys, eines am Samstag und das andere am Sonntag, und wie man sich vorstellen kann, ist das eines dieser Wochenenden, an denen alle im Fernsehen und in den Zeitungen und in den Bars, wirklich alle darüber reden, über die beiden Fußballderbys am selben Spieltag, was reiner Zufall ist, heißt es auf dem Titel einer Zeitung. Es ist nicht schlecht, jetzt zu filmen, wo der Winter kommt, denn es wird am frühen Nachmittag gespielt, und so bin ich, kaum aufgewacht, fast schon bereit, ins Stadion zu gehen, mein Tag beginnt ausgefüllt und ich muss nicht herumfahren, um mir die Zeit zu vertreiben. Vorher habe ich ein paar Spiele auf DVD gebrannt, ich muss nämlich Platz auf der Festplatte der Videokamera schaffen, einer Videokamera, die so groß ist wie drei Zigarettenschachteln, im Vergleich zu dem Typen, der für das Lokalfernsehen filmt, die haben da eine Videokamera groß wie zwei Bierkisten und auch noch dieses Stativ, das so viel kostet wie dreißig von meinem, und mit all dem sehe ich aus wie ein Kameramann, von dem einer, der mich ansieht, sagen würde, was will der denn bloß filmen mit diesem Kram da?

117.

Ich hörte gerade ein bisschen Musik, da rief mich Samantha an, Was für Musik hörst du denn? Sie hört italienische Musik, hat sie mir gesagt, nachdem ich ihr meine musikalischen Vorlieben aufgezählt habe. Dann sagt sie, Ich habe dich angerufen wegen dieser Sache mit der Nachricht vom letzten Donnerstag, als deine Ex dir geschrieben hat, dass du ab jetzt deinen Sohn nur noch jedes zweite Wochenende sehen kannst, ich habe diese Hexe von Marchesi angerufen und dann... aber wie spricht Samantha bloß?

Hat sie wirklich Hexe gesagt?... ich habe sie aber nie erreicht und dann habe ich ihr eine E-Mail geschrieben und auch ein Einschreiben und jetzt sehen wir mal, was die antwortet... und ich mache die Musik aus und starre lange einen Riss in der Wand an.

118.

Heute muss ich nicht arbeiten und schon am frühen Morgen war ich draußen in meinem schönen Gärtchen, auf dem Holunderbaum, ich war auf den Baum geklettert, hatte zuerst alle trockenen Zweige abgeschnitten, es waren viele, und dann bin ich hinuntergestiegen und habe ihn von unten betrachtet, um zu entscheiden, welche Zweige ich noch abschneiden muss, weil er sonst unter dem Schnee zusammenbricht. Ich bin wieder hinaufgeklettert und habe einen Haufen Zweige abgeschnitten, sodass er jetzt gewissen Pflanzen in der Wüste ähnelt, die ich in Australien gesehen habe, aber so ist es gut, denn im Frühjahr erholt er sich von alleine, der Holunder ist nämlich eine dieser Pflanzen, die gut austreiben, und dann habe ich die Zweige zerkleinert, um sie im Kamin zu verbrennen. Ich wusste nicht, was ich sonst noch tun sollte, habe mich umgeschaut, und dann habe ich das Häuschen meines Sohnes angestrichen, das unter dem Holunder steht, ich habe es mit einer durchsichtigen Holzschutzfarbe angestrichen und darum sollte ich gar nicht sagen, dass ich das Häuschen angestrichen habe, denn es hat noch die gleichen Farben wie vorher, gelb grün rot.

119.

Ich habe gerade meinen Sohn angerufen, denn um die Wahrheit zu sagen, müsste er um diese Zeit bei mir in der Hütte sein, aber er ist unten bei seiner Mutter in der Stadt wegen all den Scherereien mit der Nachricht. Sein Handy ist ausgeschaltet.

120.

Francesco wird schon unten in Zürich oder in Basel oder ich weiß nicht wo in der Innerschweiz sein, wo er hinfährt, um Fußballspiele für das Fernsehen zu kommentieren. Wenn er schon jenseits der Alpen ist und mir noch keine Nachricht geschickt hat, heißt das, dass meine 675 Franken, die er mir schuldet für die Spiele, die ich gefilmt habe, und die er mir, falls er es rechtzeitig schaffe, in der Osteria Bivio hinterlassen wollte, dann heißt das, dass er sie mir nicht in der Osteria hinterlassen hat. Dabei hatte ich ihm gesagt, dass es dieses Mal dringend ist, dass er mir das ausstehende Geld bezahlen muss, weil ich diesen Pfändungsbescheid habe und sie am Donnerstagnachmittag zu mir heraufkommen, um mir zu pfänden, was sie im Wert von 4345 Franken finden, die Schulden der Krankenkasse, aber das sind nicht nur meine Schulden, es sind auch die meiner Exfrau, aber sie, wer weiß, wann sie sie mir überweisen wird, da sich der Amtsrichter und die Bürokratie und alle allesamt ihre Zeit nehmen, mindestens weitere sechs Monate Zirkus, sagte Samantha, aber ich bin an dem Punkt, dass ich dieses ganze Geld bis Donnerstag auftreiben muss, ansonsten pfänden sie mir, ich weiß schon was, sie pfänden mir meinen Volvo. Inzwischen filme ich an diesem Wochenende die beiden Derbys und dann schuldet mir Francesco 1015 Franken, ich muss sie auf jeden Fall bekommen, jetzt schicke ich ihm eine weitere Nachricht nach Zürich oder ich weiß nicht wohin, aber wenigstens kommt sie bei ihm an, wo immer er auch ist. Und dann, wenn er das liest, ist das ein anderes Paar Schuhe.

121.

Gestern fahre ich von zu Hause los und hinunter in die Stadt, ich muss das erste Derby filmen. Ich komme an, es herrscht ein absurder Verkehr, am Stadion sind alle Parkplätze besetzt, der Zirkus Knie ist da mit seinem Zelt und den Tierkäfigen auf einem anderen Parkplatz und die Schweizer Armee veranstaltet einen Tag der offenen Tür, überall Panzer und Militärgerät. Ich stehe in der Schlange, alle wollen in den Zirkus und alle wollen zum Tag der offenen Tür beim Militär und alle wollen zum Fußballderby, nichts geht voran, ich mache eines von diesen Manövern, die man nicht machen darf, gebe Gas und parke meinen Volvo vor dem Haus von Tiziano und Luana, sie wohnen einen Kilometer vom Stadion entfernt. Sie sind nicht da, ich schicke ihnen eine Nachricht, dann nehme ich das Stativ und den Koffer mit der Videokamera und gehe und gehe, überall nur Menschen und Verkehr und Militär und Polizei, die Zeichen gibt, und Leute, die zu Fuß gehen, und dann komme ich endlich zum Stadion, es ist schon zwei Uhr und ich muss laufen, denn das Spiel beginnt um halb drei, ich gehe direkt an den Kiosk, um noch schnell ein Bier zu trinken, geschlossen. Ich schaue mich um, ich sehe niemanden, der zum Stadion geht, ich stelle fest, dass alle zum Militär und zum Zirkus gehen. Dann sehe und lese ich das Plakat vom Derby, das an der Kiosktür hängt, Samstag, 17. November, 17.30 Uhr. Verdammte Scheiße, ich habe die Uhrzeit verwechselt. Um 14.30 Uhr ist das Derby morgen, nicht das heute, wo hab ich nur meinen Kopf, ich bin ganz wirr im Kopf, ich bin nicht mehr bei Verstand, sagte ich mir immer wieder und schaute die Zebras und die Affen und die Elefanten an und sie schauten mich an, einen jungen Mann, der keuchend im Zoo herumläuft mit einem drittklassigen Stativ über der Schulter und einem Koffer mit der Videokamera.

122.

Nachricht an Manuela. Ich drehe durch, verdammt, ich bin um zwei hier am Stadion, aber das Spiel ist um halb sechs. Vielleicht komme ich dich am Montag besuchen, wir hören voneinander. Ich schicke die Nachricht ab und schicke ihr auch das Foto von einem Kamel.

123.

Deine Mama und ich, wir waren von den ersten Tagen an so, als wüssten wir schon genau, wie wir mit dir umgehen mussten, wir badeten dich zum Beispiel alle zwei Tage, das war ganz einfach, es war ein Vergnügen, dich zu baden, und dann konntest du immer, wenn du es wolltest, dich an deine Mama hängen und saugen, sogar alle zwei Stunden, weißt du, deine Mama hat dich gestillt, bis du zwei Jahre alt warst, denn für uns war es einfach natürlich, aber wir hatten andere Paare kennengelernt, die zum Stillen eine Zeittabelle auf der Kommode und eine Stoppuhr in der Hand hatten und die es nicht wagten, über die drei Monate hinauszugehen, weil sie sonst nicht mehr geschlafen hätten, aber du hast uns zwei Jahre lang immer geweckt, wenn du es wolltest. Im Grunde genommen sind wir auch Tiere, das war unsere Philosophie, alle Eltern haben ihre Philosophie, aber einige Eltern sind Tiere, die gegen die Naturgesetze rebellieren.

124.

Heute ist es kalt in der Hütte, sobald die Sonne weg ist, wird es kalt hier drinnen, denn draußen ist es jetzt unter null und ich habe die Heizung nicht aufgedreht, weil es in den letzten Tagen schön angenehm war mit den 16 Grad, aber jetzt zählt die Vergangenheit nicht mehr, jetzt zählt, dass hier drinnen, lass mich mal auf das Thermometer sehen, ich stehe auf und gehe nachsehen, es sind 12 Grad, und wenn ich da die Heizung nicht höher stellen will, muss ich das Feuer anmachen oder ins Bett gehen. Alles in allem zählt doch nur, dass ein weiterer Tag vorbei ist. Ich gehe ins Bett.

125.

Ich habe meinen Sohn angerufen, er war ganz begeistert von einem Dokumentarfilm über Löwen und Hyänen, die Antilopen und Zebras zerfleischen und auffressen. Während er mir erzählte, was er gerade gesehen hatte, konnte ich die Begeisterung in seiner Stimme hören, mit großer Leidenschaft ließ er die Szenen lebendig werden von diesem Dokumentarfilm, den auch ich gesehen hatte, ich hier in den Bergen und er in der Stadt, und für ein paar Momente habe ich eine große Nähe zu meinem Sohn gespürt, und das bleibt ein gut bewachtes Geheimnis, das ich heraushole, wenn ich mir etwas Gutes tun muss. Mein Sohn, weißt du noch, was ich dir einmal gesagt habe? Dass wir immer die besten Freunde sind und dass das Leben groß ist und dass du das alles eines Tages verstehen wirst, und was hattest du mich gefragt? Wie groß ist das Leben? Genau, du hattest mich gefragt, wie groß das Leben ist, und mir war es nicht gelungen, dir eine Antwort zu geben. Aber jetzt weiß ich es, wie groß das Leben ist. Es ist so groß wie die Sonne, das Leben ist so groß wie die Sonne.

126.

Gestern im Stadion war diese Frau vom Wachdienst, ich sehe sie schon seit zwei Jahren, sie hat Wachdienst auf der Haupttribüne und ich bin immer oben auf der Haupttribüne, wo der Platz zum Filmen ist. Heute waren wir zu dritt, der Kameramann vom Lokalfernsehen, der seit zwei Jahren mehr oder weniger derselbe ist, wir reden nicht mehr miteinander, weil wir uns nichts mehr zu sagen haben, wir begnügen uns einfach damit, zu tun, was wir tun sollen, außer diesem Kameramann war da noch ein Kameramann, der aus der Deutschschweiz kam und ziemlich sympathisch aussah, dieser große, magere Kerl, aber er sprach nur Schweizerdeutsch und darum haben wir nicht miteinander gesprochen, ich habe nur verstanden, dass er hier war, weil er von einer Mannschaft geschickt wurde, die ihre nächsten Gegner studieren will. Diese Frau also, ich sage jedes Mal zu ihr, Ciao, und sie, Ciao, und ich, Man sieht sich, und das war alles, zwei Jahre lang, ich weiß nicht einmal, wie sie heißt. Aber heute, vielleicht weil es das Derby war oder vielleicht wegen der ersten Kälte, denn heute war es wirklich kalt, da sehe ich sie, mache zwei Schritte auf sie zu und sie auf mich, Ciao wie geht's?, und sie, Was für eine Kälte, und ich, Ein Kaffee? Es war gar nicht so schwer, nachher rufe ich sie an.

127.

Mein erstes Mal, das war nicht etwa an einem schönen Ort, es war auf dem Klo in einer Bar, dort hatte ich zum ersten Mal Sex.

128.

Ich gehe ins Internet. Ich finde das Video von einem aktuellen Interview mit diesem Schriftsteller, ich will es mir ansehen, ich klicke und da haben wir es wieder. Mein Computer macht ein kleines Fenster auf, um mir mitzuteilen, dass ich mich für den Zugang zum Interview zuerst auf der Seite anmelden muss, aber zum Glück ist die Anmeldung kostenlos. Ich muss die üblichen persönlichen Fragen beantworten und frage mich, wer wohl kontrollieren wird, ob ein bestimmter Typ, der das Interview mit diesem Schriftsteller gehört hat, sich eher für Kunst oder für Sport interessiert, nur so zum Beispiel, ich beantworte eine ganze

Reihe von obligatorischen Fragen und bin angemeldet. Ich klicke, um mir das Interview anzuschauen, und der Computer macht ein neues kleines Fenster auf, er sagt mir, dass ich ein Update des Windows Media Player installieren muss, um das Interview zu sehen, und in diesem Moment werde ich so nervös, dass ich das Internet in einem Wutanfall verlasse, denn all diese Dinge stehlen mir nur meine Zeit, und gehe in die Bar.

129.

Ich weiß nicht, was mich reitet, vor ein paar Tagen habe ich, bevor ich in die Stadt gefahren bin, um das Derby zu filmen, in einem Selfservice-Solarium haltgemacht und mich auf die Sonnenbank gelegt, wie in einen Sarg mit hellblauen Lichtern und Ventilator und tropischen Düften und Zenmusik, das war das erste Mal in meinem ganzen Leben, dass ich mich auf die Sonnenbank gelegt habe, und dann dachte ich, dass das ein schöner Ort wäre, um diese Frau aus dem Stadion hinzuschleppen, ich sollte sie anrufen, sie heißt Anna und spielt Gitarre.

130.

Die Fingernägel habe immer ich dir geschnitten, als wäre das mit dem Fingernägelschneiden ein Ritual oder eine meiner unausgesprochenen Aufgaben, aber seit deine Mama und ich uns getrennt haben, muss dir niemand mehr die Fingernägel schneiden, denn jetzt kaust du dir vor Nervosität selbst die Fingernägel ab.

131.

Manuela gehe ich morgen nicht besuchen, man sagt so schnell, morgen komme ich runter nach Genua, aber das ist ja nicht immer so einfach, und so wie es ausschaut, wer weiß, wann ich überhaupt hinfahren werde, ich habe es immer eilig, morgen muss ich ein paar kleine Dinge erledigen, klein, aber sehr dringlich, schon früh um acht muss ich losfahren, um die DVDs vom Derby zur Osteria Bivio zu bringen, die ich gerade auf dem Fußboden brenne in der ganzen Unordnung, die Kabel die Videokamera der DVD-Brenner, und dann muss ich mir unten in der Stadt das Medi-7 auffüllen lassen und vielleicht gehe ich bei Versace vorbei und sage Manuel Guten Tag, der mir noch die Fotos meiner Bilder zurückgeben muss, ich habe sie ihm gegeben, weil er Kontakte hat, man könne sie ausstellen, das sagte er, aber er sagt viel. Bei Versace muss ich auch sehen, ob die Schneiderin Anastasia mir meine Armani-Jacke aus Cool-Wool enger gemacht hat, die ich für 15 Franken im Laden der Caritas gekauft hatte, ich hatte sie ihr vor drei Monaten gegeben, diese Armani-Jacke zum Engermachen, sie macht Jacken enger und näht Säume an Hosen für Kunden, die sehr pedantisch sind oder das Pech haben, nicht die richtigen Proportionen zu besitzen. Und nach Versace muss ich zur Osteria Bivio zurückfahren, um zu sehen, wie viel mir Francesco hinterlässt, er kommt nämlich um zehn vorbei, He, Mister, hat er mir gesagt, sehen wir uns um zehn im Bivio, ich lade dich zum Kaffee ein, Nein, schau mal, um zehn bin ich schon wer weiß wo, das schaffe ich nicht, sage ich zu ihm, ich muss aufs Betreibungsamt unten im Tal, muss den Pfändungsbescheid bezahlen, nicht dass ich ihn auf einen Schlag bezahlen könnte, weil ich dieses ganze Geld wirklich nicht habe und weil ich einen weiteren Pfändungsbescheid über 1200 Franken bekommen habe, Sprich doch mit dem Verantwortlichen, sagt mir Francesco, du musst schauen, wer das ist, du musst unter vier Augen mit ihm sprechen, das ist eine dieser Innen- oder Außen-Situationen und du musst ihn bitten, ob es nicht möglich ist, einen Aufschub zu bekommen, sagt er zu mir, Einen Aufschub?, sage ich, Ja, einen Aufschub, weißt du, wie viele Male mir das passiert ist... He, Mister, sagt er weiter, sprich mit ihm unter vier Augen, sonst wissen wir nämlich schon, was sie dir pfänden.

132.

Ich bin hier in der Bar Lepre Bianca und lese über die Fußballderbys, aber gleich muss ich los, um all meine Sachen zu erledigen. Am Tresen lehnt Atos, ein bodenständiger Bauer, eine Filmfigur, 45 Jahre und so dick wie einer dieser Bauern, die ein Rind mit einem Faustschlag niederstrecken können, Bart und lange Haare, zwei Schneidezähne fehlen, es ist neun Uhr morgens und er trinkt schon einen Weißwein, er raucht und spricht mit einem anderen Gast über sinnlose Dinge, über das Wetter, für morgen wird Schnee vorausgesagt, er trägt Holzschuhe, aber mit Wollsocken vom Militär. Dann sagt er das Gleiche wie jeden Tag und die Barista Eurosia schnaubt und richtet die Augen zur Decke, während Atos sagt, Es gibt nur zwei Dinge auf der Welt, die tun, was sie wollen, und weißt du, welche das sind, he, fragt er den Typen, der heute an der Reihe ist, he?, weißt du, was die beiden Dinge sind, die immer tun, was sie wollen? Er lässt ein paar Sekunden verstreichen, um die

Neugier des Typen zu steigern, dann sagt er, die Zeit und
das Arschloch, und während er es sagt, lacht er schon, ein
fettes Lachen, sein Bauch zuckt, aber er lacht allein.

133.

Irgendwas ist immer, aber heute ist es für einmal gut
gegangen. Nachdem ich in der Bar war, um einen Kaffee zu
trinken und über die Fußballderbys zu lesen, bin ich ins Tal
zum Konkurs- und Betreibungsamt runtergefahren, ich
parke meinen Volvo und trete mit wenig Hoffnung ein.
Aber dieser sympathische Herr hat mir gesagt, Natürlich
kannst du sie in zwei Raten bezahlen, ach was soll's, sogar
in vier, hat er zu mir gesagt. Ich musste nur ein gelbes Formular ausfüllen und dann bin ich zu Fuß zur Post gegangen, ich fühlte mich ziemlich leicht, ich hörte sogar die
Vöglein singen, habe mich umgeschaut und sie gesehen,
und auf der Post habe ich den ganzen Pfändungsbescheid
über 1200 Franken auf einmal bezahlt und den anderen zur
Hälfte. Mir bleibt genügend Geld, ich muss 800 Franken
Alimente überweisen und dann noch weitere 200 an diesen
Halsabschneider, der das Geld aus mir herauspresst, die
200 schulde ich einem Mechaniker unten in der Stadt, der
im letzten Jahr so schlechte Arbeit an meinem Volvo verrichtet hat, dass ich ihn nicht bezahlen wollte, aber dann
schickt mir dieser Halsabschneider eine dieser Nachrichten, Denken Sie an unser Abkommen, schreibt er mir, ich
halte Sie für einen intelligenten Menschen. Solange er das
schreibt, ziehe ich es in die Länge, es bleibt der letzte meiner Gedanken, bis er sich nicht eines Tages mit einem
Baseballschläger blicken lässt...

134.

Es könnte auch sein, dass sie nicht herauskommen, aber das Warten kostet mich nichts, also gehe ich in dieser Allee hin und her, was sind das für Bäume, Linden? Ich drehe auch eine Runde durch das Viertel und schleppe mein Kreuz über den Asphalt, wer weiß, ob man es bemerkt, mein Kreuz, heute Morgen habe ich mich rasiert, habe saubere Kleider angezogen, ich versuche wie jemand zu gehen, der nur einen kurzen Spaziergang macht, um frische Luft zu schnappen, ich gehe in eine Bar, weil ich pinkeln muss, einen Espresso, danke. Da kommen sie heraus, ich lehne mich gegen einen Baumstamm. Ein Mann, der sich weniger sichtbar machen will hinter einem Baum auf einem Trottoir in der Stadt. Wenn mich jemand beobachtet, was denkt er dann? Sicher ist mein Vorgehen verdächtig, ich würde mir jedenfalls schon ein paar Fragen stellen. Am Fuß des Stamms Unkraut und ein paar Papierfetzen und drei trockene Hundehaufen, die wie Kreide aussehen. Alle Kinder mit den gleichen Schürzen, wir hatten sie zusammen gekauft, er und ich und seine Mama, und den Ball hat sie draufgestickt. Er konnte auswählen zwischen einem Ball, einem Heißluftballon und einem Frosch. Ich schaue hinter dem Stamm hervor und strecke meinen Hals. Kaum stehe ich so da, regungslos in dieser Position, kommt eine Frau vorbei und schaut mich schief an, ich sage Guten Tag, aber sie antwortet nicht. Dann eine andere, das Gleiche. Sie werden mich doch nicht für einen Perversen gehalten haben... Eine alte Frau kommt an den Zaun und winkt, aus der Gruppe löst sich ein Kind, geht zwei Schritte auf sie zu, winkt ihr mit seiner kleinen Hand zurück. Ich mache eine Bewegung, um die alte Frau zu imitieren, ich strenge mich an, ein schönes Lächeln aufzusetzen, aber dann halte ich inne. Darf ich das? Darf ich meinem Sohn winken, wenn ich an diesem Wochenende kein Besuchsrecht habe? Und wenn ich nicht darf und sie erfährt es? Ich stecke die Hand in meine Tasche und packe das Handy. Könnte Samantha es mir sagen? Aber wenn die andere, diese Marchesi, aus dieser Sache einen Fall macht? Gefesselt, ich fühle mich gefesselt und geknebelt und gefangen in diesem System. Ich gehe weg, die Hände in den Taschen. Zwei geballte Fäuste, meine Hände, und ein Haufen Schimpfwörter, die ich in den Wind werfe.

135.

Ich bin in diesen Tagen in allem so lustlos, dass ich glaube, ich bekomme einen Bierbauch. Aber wer mich sieht, merkt nichts davon, ich trage drei oder vier Schichten Kleider, es ist nämlich richtig kalt geworden und gestern ist dieser Schnee gekommen, den der Nordwind mit sich bringt. Ich wache am Morgen auf, der Wecker von meinem Handy weckt mich auf, ich stehe auf und stelle ihn ein bisschen nach hinten, auch mal um zwanzig Minuten, dann muss ich alles ganz schnell machen, aber ich muss ja nicht wer weiß was machen, kaum dass ich wach bin. Unter der Dusche sage ich mir dann, dass ich heute oder morgen wirklich mit dem Heimtrainer anfange, auf los, wozu habe ich es denn sonst gekauft, dieses Walzengerät, um mit meinem Mountainbike zu trainieren? Und dann Liegestützen und Bauchzüge, sage ich mir. Aber ich sitze hier und schaue aus dem Fenster und habe gar kein Training gemacht und auch keine Liegestützen und auch keine Bauchzüge, sondern trinke das dritte Bier und tröste mich, indem ich mir sage, dass ich, wenn es mir eines Tages besser geht und ich diese Scherereien vom Hals habe, mit denen mich meine Exfrau und der Amtsrichter und die Bürokratie in diesem ganzen Scheidungszirkus überhäufen, dass ich an jenem Tag mein schönes drittes Bier ohne Schuldgefühle trinken werde. Ich weiß nicht, ob das alles Sinn macht, aber im Kern ist es das.

136.

Ich habe Anna, die Gitarristin, angerufen, sie ist drangegangen und darum musste es so kommen, dass wir uns morgen nach der Arbeit treffen, in dieser Bar, dem Zeus, und ich muss mich jetzt schon vorbereiten. Morgen arbeite ich unten in der Stadt, ich habe Wachdienst in einer Bank, die gerade umzieht und ein paar Wachleute angefordert hat. Nach der Arbeit muss ich mich im Auto umziehen, obwohl das gegen die Vorschriften ist, aber ich kann ja schlecht als Wachmann gekleidet in die Bar gehen, also stecke ich saubere Kleider und die Zahnbürste und Zahnpasta in eine Tasche und die Tasche ist schon im Auto.

137.

Du warst noch keine zwei Monate alt, als deine Mama und ich dich in ein Flugzeug mitgenommen haben und nach Australien geflogen sind zu deinen Großeltern, Cousins undsoweiter undsofort. In fünf Jahren warst du schon fünfmal in Australien. Ich bin mit 21 Jahren zum ersten

Mal mit dem Flugzeug geflogen, und als sich beim Start die Frau neben mir bekreuzigt hat, da habe ich mit einer Hand diese obszöne Geste gemacht und damit vor ihrer Nase herumgefuchtelt.

138.

Irgendwas ist wirklich immer, denn ich wollte mich heute Abend mit Anna treffen, aber ich war in der Bank und die wurden nicht fertig mit ihrem Umzug und ich musste den Eingang eines Büros überwachen. Also habe ich Anna angerufen, wir sehen uns ein anderes Mal.

139.

Manuela hat mir gerade eine Nachricht geschickt, sie sagt, wir sollten uns sehen, wir haben uns schon seit April nicht mehr gesehen. Heute ist der 16. November, seit sieben Monaten haben Manuela und ich uns nicht mehr gesehen. Sobald ich kann, haue ich ab, fahre runter zu ihr, auch wenn es nur für einen halben Tag ist und sie mehr als vier Stunden Fahrtzeit entfernt wohnt, aber am Dienstag muss ich meinen Volvo in der Werkstatt lassen, um die Winterreifen aufzuziehen, und man muss auch den Benzinfilter austauschen und man müsste auch die Transmissionsriemen austauschen, aber das schreibe ich ihr nicht, ich schreibe ihr, dass ich mein Möglichstes tue, um sobald ich kann hinunterzufahren, aber ich verspreche nichts, denn sie und ich, wir sind groß im Versprechen, aber am Ende halten wir nichts.

140.

Jetzt kann ich es kaum mehr erwarten, meinen Sohn wiederzusehen. Ich sehe ihn übermorgen, seit dem letzten Mal werden fast zwei Wochen vergangen sein, und für einen Vater, der seinen Sohn nicht sieht, der gerade fünf Jahre alt geworden ist, ist das eine Qual, wenigstens für mich ist es eine Qual, ich kenne nichts Schlimmeres... aber wie erlebt das ein Kind mit fünf Jahren? Wir werden uns hier hinsetzen und einen Trickfilm oder einen Dokumentarfilm schauen, und wenn es schneit, gehen wir hinaus mit dem Bob und dann müssen wir uns jede Menge Dinge erzählen, am Telefon ist es ja nie wie unter vier Augen. Er fühlt sich immer von ihr kontrolliert, wenn er am Telefon ist, schwirrt sie um ihn herum wie eine Fliege, um zu lauschen, was wir uns erzählen.

141.

Heute habe ich meinen Volvo gebracht, um die Dinge machen zu lassen, die gemacht werden mussten, der Mechaniker musste die Manschetten der vorderen Antriebswelle ersetzen, er hat auch den Benzinfilter ausgetauscht, denn vielleicht war das der Grund dafür, der alte hatte 150 000 Kilometer, warum mein Volvo fuhr, als hätte er eine Kartoffel im Auspuff, genau so hatte ich es dem Mechaniker erklärt und er, Es kann sein, dass der Benzinfilter verstopft ist, das hatte er gesagt, und dann hat er auch noch gesagt, dass die Dichtung der Ölablassschraube ersetzt werden muss, es kommt Öl auf den Zylinderkopf, und dann wäre auch der Motorriemen auszutauschen, es ist Zeit, ihn auszutauschen, denn bei so einem Auto muss er mindestens alle 60 000 Kilometer ausgetauscht werden, ich glaube, er hat das genau so gesagt, und dann müsste neues Öl nachgefüllt werden, aber das mache ich im nächsten Monat, denn jetzt muss ich schon die beiden Manschetten der vorderen Antriebswelle und den Benzinfilter bezahlen und dann habe ich hinten auch noch zwei Winterreifen aufgezogen, insgesamt 711 Franken, Hier, ich bezahle sie dir sofort, nein, ich will nicht auch noch bei dir Schulden haben.

142.

Es regnet weiter, es regnet seit gestern, seit Monaten hatte es nicht geregnet. Vielleicht schneit es bei mir oben in den Bergen. Als ich heute Morgen um sieben losgefahren bin, fing ein Schneeregen an und auf der Straße, in der Bar und auch auf der Baustelle bei der Bank atmen die Leute diese Begeisterung, wie vor einem Schulausflug, fast wie wenn du ein Kind bist und es schneit, aber hier in der Stadt regnet es und ich bin nicht auf einem Ausflug. Ich habe Wachdienst, acht Stunden im Stehen.

143.

Ich bin einfach so, mir fehlt die Lust, Dinge zu machen, die ich machen könnte, aber dann denke ich darüber nach und mache sie doch nicht, wie die Bilder, nur mal so als Beispiel. Die Bilder gehören zu den Dingen, die ich am besten kann, aber mir fehlt die Lust, sie zu machen. Ich hatte im letzten Jahr etwa dreißig gemalt, danach war

Schluss. Ja, aber nicht etwa, weil ich Murks gemacht hätte, wie manch einer denken könnte, wenn ich hingehen und ihm sagen würde, Weißt du, dass ich Bilder gemalt habe?, dann würde er mich anschauen und denken, ich hätte wohl Murks gemacht. Aber so liegen die Dinge nicht, ich habe Bilder gemalt und eine Galeristin hat sie gesehen, genau gesagt, sie hat die Fotos von den Bildern gesehen, die Manuel von Versace immer noch hat, darum müsste ich ihn anrufen, damit er sie mir schickt, es sind Fotos in Großformat, die haben mich ein Heidengeld gekostet, jedenfalls hat sie sie gesehen und gesagt, sie könnte sie ausstellen, zu tausend Franken das Stück, aber sie stellt sie nicht aus, weil sie schon weiß, dass sich diese Art von Bildern, die ich male, nicht verkaufen. Und da ist mir die Lust vergangen, überhaupt noch zu malen.

144.

Ich hier auf der Baustelle bei der Bank und ab heute darf nicht mehr geraucht werden, also muss ich es allen Arbeitern sagen, ab heute keine Zigaretten mehr, muss ich ihnen sagen. Die Baustelle hier, wir sind ja nicht im Freien, wie du beim Wort Baustelle denken könntest, diese Baustelle ist eine innerhalb dieses vierstöckigen Gebäudes und ab heute ist also fertig mit Rauchen, denn in zehn Tagen öffnet die Bank und die Maler sind unterwegs, um alle Wände frisch anzustreichen, ich musste das gerade einem Typen sagen, einem Schreiner, und ich habe ihm gesagt, He, entschuldige, Rauchen verboten, und er hat mich schief angeschaut und jetzt glaube ich, dass mir bald alle böse Blicke zuwerfen, denn hier rauchen ja alle.

145.

Ein hässlicher Ort, wo ich Sex hatte, der für andere vielleicht der schönste ist, aber für mich damals der hässlichste, war das Kino. Der Saal war halb leer und ich und dieses Mädchen, das ich gerade erst kennengelernt hatte, waren ganz hinten in der Ecke und niemand in unserer Nähe, aber es ist schiefgegangen, denn es war ein Film mit wenig Action, das heißt ein Film mit wenig Lärm, und wir lagen da auf dem Boden und konnten nicht viel Lärm machen, einige waren schon misstrauisch geworden und das hätte sogar anregend sein können, aber dann kam ein Typ mit der Taschenlampe und sagte uns, wir sollten aufhören. Tatsache ist, dass das Kino mir seit damals immer das Gefühl gegeben hat, dass man sich nicht einmal um seinen eigenen Kram kümmern kann, im Kino.

146.

Ich habe meinen Volvo zum Mechaniker gebracht, um den Transmissionsriemen auszutauschen. Ich habe ihn draußen auf den Platz gestellt, den Volvo, und den Schlüssel in diesem Lavendeltopf neben der Zapfsäule versteckt, habe ich ihm in einer Nachricht geschrieben, weil die Werkstatt wegen der Mittagspause noch geschlossen war, dann mache ich einen Spaziergang in Richtung Dorf unten im Tal, ich gehe in die Bar, Rosaria ist da, ihre Discomusik läuft in voller Lautstärke, sie singt dazu und schwingt ihre Hüften, Was für eine Musik ist das, brülle ich, und sie antwortet, aber ich höre nichts, ich muss von ihren Lippen lesen, Marokkanisch oder vielleicht auch tunesisch, und dann hält sie mir einen Halben Bier unter die Nase. Ruf mich an, wenn er fertig ist, ich bin hier bei Rosaria, die Musik läuft in voller Lautstärke, habe ich noch geschrieben und der Mechaniker antwortet, Oh oh oh, algerische Musik? Er ist am späten Nachmittag fertig. Wer weiß, wie viele Biere ich jetzt trinken werde, bis der mich anruft. Aber nach dem zweiten Halben bin ich gegangen, weil mir diese Musik wirklich nicht passte und auch weil sich die Bar mit Rentnern füllte, die nach dem Mittagessen in die Bar Posta gehen, um ihre Augen zu weiden, und es mir nicht passte, für einen gehalten zu werden, der zu Rosaria geht, um seine Augen zu weiden.

147.

Hier auf der Baustelle habe ich schon gestern bemerkt, dass in den frühen Morgenstunden alle etwas ruhiger sind und nicht zu viel reden, aber am Nachmittag hört man langsam, wie die meisten ihre schönen Gebete aufsagen, und man versteht ohne den geringsten Zweifel, dass alle Christen sind, denn man hört sie vor allem Jesus Christus anrufen und auch die Madonna, während andere nur Gott anrufen, man weiß es nicht genau, aber ich glaube, auch sie sind Christen, aber es ist besser, sie nicht zu fragen, am Nachmittag.

148.

Ich war dabei, das Fußballspiel zu filmen, und musste sehr dringend aufs Klo, denn in der Pause hatte ich zwei Bier getrunken und bei der Kälte kam mir dieser Drang, ich war die ganze zweite Hälfte der zweiten Halbzeit kurz davor, mir in die Hose zu pinkeln, und mehr als einmal hätte ich fast nachgegeben und mir in die Hose gemacht, ja dann, wer merkt das schon bei der Kälte, vielleicht stinkt es nicht einmal, und wer merkt das schon in dem Stadiongetümmel? Aber ich musste durchhalten, ich habe durchgehalten, durchgehalten, es war fast schon ein persönlicher Kampf, und dann kam endlich der Schlusspfiff, ich habe Stativ und Kamera stehen lassen und mich durch die Leute zu den Klos geboxt, wenn du nämlich nicht mehr kannst und du kommst zum Klo, dann musst du noch mehr, und wenn dann die Tür verschlossen ist, dann pinkelst du dir wirklich in die Hose, aber ich laufe hinein und zum Glück finde ich eine, die frei ist, ich öffne die Knöpfe meiner Jeans, atme vor Erleichterung auf, aber dann, verdammte Scheiße, ich suche und finde ihn nicht, ich wühle und wühle, aber ich finde ihn nicht, ich habe keinen mehr, ich muss so dringend, aber ich kann nicht pinkeln und es tut weh, es ist eine Qual, es tut bestialisch weh, ich würde gerne so tun, als wäre nichts, aber ich habe Angst und fange an zu schreien und die Leute um mich herum erschrecken, aber ich schreie immer mehr, ich werfe mich vor Schmerzen auf den Boden, ich wälze mich, so weh tut es, wie weh es tut, ich schließe die Augen, ooh wie weeeh... und dann wache ich auf.

149.

Heute ist es zum ersten Mal geschehen, dass ich ihr eine Nachricht geschrieben habe, um ihr zu sagen, dass ich unseren Sohn morgen nach dem Kindergarten nehmen kann, dass ich ihn aber auch, wenn es ihm immer noch schlecht geht und er nicht im Kindergarten ist, schon früher holen kann, denn er hat mir gestern Abend am Telefon gesagt, dass es ihm nicht so gut geht, dass er Husten und ein wenig Fieber hat, und da ist es zum ersten Mal geschehen, dass sie, meine Exfrau, mir nach ein paar Stunden geantwortet hat, Okay, du kannst ihn um zwölf Uhr abholen, er ist bei Jennifer. Ich schreibe, Welche Jennifer? Wie geht es ihm jetzt?, und sie antwortet fast sofort, Er hat etwas Fieber und Husten, ich stecke Hustensaft in die Tasche, Jennifer, die Mama von Pascal, schreibt sie, das ist das erste Mal seit sechs Monaten, dass sie mich über unseren Sohn informiert. Diese Nachricht machte mich beinahe glücklich, sodass ich nicht sofort gemerkt habe, dass sie ihn woanders hingeschickt hatte, obwohl er krank war, genau, sie kümmert sich um ihren eigenen Kram und lässt unseren Sohn krank bei der Jennifer von Pascal.

150.

Als du zum ersten Mal im Kino warst, hast du Kiriku und die wilden Tiere gesehen, wir sind mit dir am Weihnachtstag hingegangen, als du gerade drei Jahre alt geworden warst und die Welt noch ein verzauberter Ort zu sein schien.

151.

Heute Morgen habe ich mir ein paar Stunden vor dem Haus zu schaffen gemacht und das Gärtchen in Ordnung gebracht, alles bereit für den Winter, und als ich es vorhin aus dem Fenster angeschaut habe, war es, wie wenn du einen Film siehst und auf Pause drückst, und so wird mein schönes Gärtchen mit seinen schönen Rhododendren und seinen schönen Azaleen und dem Rosmarin und dem schön gemähten Gras für mindestens fünf Monate bleiben, auf Pause.

152.

Dann aber ein schöner Ort, wo ich Sex hatte, denn das ist wirklich ein schöner Ort, um miteinander zu schlafen, oben auf den Alpweiden, da oben auf den blühenden Wiesen, da legst du dich unter eine Lärche und die Sonne scheint und du hörst die Kuhglocken und du hast es sehr bequem, denn du liegst auf einer schönen Decke, um dir nicht den Hintern zu zerstechen, und du lässt dich gehen, auch wenn du dir immer etwas komisch vorkommst, denn vielleicht taucht ein Pilzsucher hinter der Lärche auf, aber es stimmt wirklich, dass du ihn da oben mit dem Finger berühren kannst, den Himmel.

153.

Mein Sohn ist hier neben mir, ich lese und er schläft. Er ist vor zwei Minuten eingeschlafen und hat schon einen tiefen, entspannten Atem. Er hatte mich heute Morgen um sechs aus dem Bett gezogen und sofort alles gegeben, bei allem, was er machte, wir spielten vor allem Spiele mit Kämpfen und Kriegen und Schlachten, er hat eines dieser Legospiele, Bionicle, du steckst die Teile zusammen und heraus kommen Monster und eines von diesen Monstern haben wir heute Morgen bei Manor gekauft und dann haben wir es in einer Bar zusammengebaut, wo wir heiße Schokolade tranken und die Lieder hörten, die aus dem Lautsprecher kamen, der neben uns an der Wand hing, und es kamen auch die Green Day und die haben dir gefallen. Vor zwei Minuten ist er eingeschlafen wie ein Stein, während ich ihm eine Geschichte erzählte, die ich erfunden habe, in der es um das Leben eines Bionicle ging, der bei den Green Day Gitarre spielte, und du hattest mich gefragt, ob das wahr ist, und ich hatte dir geantwortet, Wenn du willst, wird alles wahr.

154.

Ich habe gerade aus dem Fenster geschaut, mein Garten ist schon nicht mehr auf Pause, es schneit.

155.

Hier auf der Baustelle gehören alle zu der Sorte, die mir Sätze sagen wie, Du hast es gut, und das bedeutet vielleicht, dass es wirklich so ist, dass ich aus ihrer Sicht der bin, der es gut hat auf dieser Baustelle, und dass darum einer, der Maler ist und mich sieht, wie ich diese Dinge hier auf ein Stück Papier schreibe, zu mir sagt, Du hast es gut, aber gerade eben habe ich einen Klempner erwischt, der am Rauchen war, und ich musste ihm ein Zeichen geben, dass nicht geraucht werden darf, und auch er gab mir ein Zeichen, ein anderes Zeichen, und dann hat er weitergeraucht.

156.

Samantha hat mir gesagt, dass ich einen gewissen Doktor Flemma kontaktieren soll. Ich gebe dir die Nummer, hast du etwas zum Schreiben? Dieser Flemma ist Kinderpsychologe, sagt sie mir, er begleitet deinen Sohn seit zwei Monaten und will dich jetzt miteinbeziehen. Seit zwei Monaten? Aber das wusste ich gar nicht, meine Exfrau hat mir nichts gesagt und mein Sohn auch nicht. Sie war ja auch nicht dazu verpflichtet, es dir zu sagen, sagt Samantha, also ruf ihn an und schau mal, was er dir zu sagen hat. Ich habe ihn angerufen. Ja, genau, ich wollte Sie kontaktieren, weil Sie langsam den Weg mitgehen sollten, den Ihr Sohn und Ihre Frau gehen, und Sie sollten... Exfrau, korrigiere ich ihn... und ich solle mich in Einklang bringen. Dann fügte er hinzu, dass er bei meinem Sohn kein schwerwiegendes Problem sehe und dass er mich hinzuziehen wolle, um zu erfahren, wie er sich verhalte, wenn er das Wochenende bei mir verbringe. Dann will er mich auch und vor allem sehen, weil sie ihm gesagt hat, dass ich gegenüber meinem Sohn schlecht über sie und ihren neuen Freund rede, und ich sage ihm, Schon wieder diese alte Geschichte? Es reicht, habe ich ihm gesagt, das hat sie erfunden, sie mit ihrem Verfolgungswahn, und Doktor Flemma sagt, dass er das sofort begriffen hat, Dass Ihre Frau dieses Problem hat, sagt er, Exfrau, unterbreche ich ihn, die Mama meines Sohnes ist meine Exfrau, sie ist nicht meine Frau, nicht mehr, Entschuldigen Sie, sagt er, und dann sagt er noch, dass, wie auch immer, er meine Beteiligung in dieser ganzen Angelegenheit in jedem Fall für nötig hält. Ja, natürlich, wir legen einen Termin fest, denn Scherereien und Erledigungen und Termine, die mich hierhin und dorthin jagen, habe ich schon so viele, dass einer mehr, was soll's, vielleicht schaffen wir es wenigstens zu retten, was noch zu retten ist, und ich schreibe den Termin auf meinen Zettel, der vorne und hinten schon voll ist.

157.

Immer wenn ich meinem Sohn Geschichten erzähle, will er mir drei oder vier Wörter sagen und ich erfinde dann mit diesen Wörtern eine Geschichte und erzähle sie ihm, wenn wir ganz eng zusammen im Bett liegen, er kuschelt sich gerne an meine Schulter, während ich die Geschichte erzähle, und ich höre gerne, wie er einschläft, und dann schaue ich in sein schönes Gesicht, ja, es stimmt, dass alle Kinder schön sind, dann gebe ich ihm einen dicken Kuss auf die Stirn und erzähle weiter, ich bin nämlich sicher, dass die Geschichten zu ihm durchdringen, auch wenn er schläft. Vorhin hat er mir gesagt, Löwe Ferrari Berge. Da war dieser Löwe, der in der Savanne wohnte und in seiner Garage einen schönen nagelneuen roten Ferrari hatte, und eines Tages fuhr er damit in voller Geschwindigkeit los, dort in der Savanne fuhr er so schnell, dass er alle Gazellen überholte und sogar alle Geparde, und so fuhr dieser Löwe und fuhr, bis er in voller Geschwindigkeit mit seinem nagelneuen roten Ferrari die ganze Wüste der Sahara durchquerte, dort fuhr er so schnell, dass er alle Dromedare überholte, und dann fing dieser Löwe mit seinem Ferrari an, in voller Geschwindigkeit auf der Autobahn zu fahren, und überholte alle Autos und sogar die Motorräder, bis er hier oben in die Berge kam, und dann war mein Sohn zum Glück schon eingeschlafen, denn ich wusste nicht, wie ich weitermachen sollte mit dieser Geschichte vom Löwen, der im Ferrari hier oben in den Bergen ankommt. Manchmal gelingt es mir so gut, endlos mit dem Geschichtenerzählen weiterzumachen, vielleicht weil in kummervollen Momenten wie diesen, die ich gerade durchmache, die Fantasie mehr Sinn hat als die Realität, aber heute Abend hatte ich so etwas wie eine Schreibblockade.

158.

Vorhin haben mein Sohn und ich Angelo besucht, er wohnt hinter Retos Haus, die beiden sind mehr oder weniger gleich alt, aber Angelo hat nicht den Körperbau von Reto, er hat einen Bauch vom vielen Trinken, der Angelo. Und auch vom vielen Essen. Im Stall hinter seiner Hütte, einem Stall aus Stein, der, wenn man will, besser dasteht als die Hütte, wo er wohnt, hat Angelo ein Dutzend Schafe und einmal im Jahr steckt er sie mit dem Bock zusammen, den er sich von einem Bauern unten vom Tal bringen lässt, die Lämmer werden geboren und dann lässt er reihum ein paar Schafe im Norden Ferien machen, so sagt er, er lässt sie Ferien machen in seiner Tiefkühltruhe, zusammen mit den Kaninchen, die er in einem Stall neben den Schafen aufzieht, immer ein Haufen Kaninchen, denen er nicht einmal im Jahr ein Männchen bringen muss, weil das Männchen immer bei den Weibchen ist und das ganze Jahr über unaufhörlich tut, was es tun will, wie die Mäuse in meinem Holzschuppen, und wenn ich ihn besuche und ihm trockenes Brot oder Kartoffelschalen oder etwas anderes bringe und er am Kochen ist, dann frage ich ihn, was er kocht, und er sagt mir, Lamm oder Schaf oder Kaninchen, und dann packte er ein Kaninchen an den Ohren und gab es meinem Sohn zum Streicheln, und während mein Sohn es streichelte, wechselte Angelo das Wasser und putzte die Käfige mit den Kaninchen, die sich im hintersten Winkel zusammenkauerten mit ihren Gesichtern von verängstigten Tieren, Aber warum haben sie denn Angst?, fragte mein Sohn, Weil es Kaninchen sind, sagte Angelo und die Falten in seinem Gesicht mischten sich mit einem spöttischen Grinsen und mein Sohn schaute mich ungläubig an, aber ich konnte ihm ja schlecht sagen, dass sie das machen, weil sie wissen, dass sie früher oder später im Kochtopf landen.

159.

Ich war dabei, mein schönes Fußballspiel zu filmen, und was für einen schönen milden Tag mit 15 Grad wir hatten, und das am 25. November, vor zwei Tagen hatte es geschneit, und Anna war auch da, mit einem schönen Lächeln schaute sie mich an und lächelte und überwachte die Zuschauer der Haupttribüne, ganz glücklich, die Anna, und während ich filmte und mein Sohn neben mir, angesteckt von der Begeisterung des Publikums, schrie, Los, macht ein Tor!, da schießen sie wirklich zwei Minuten vor dem Abpfiff das Siegtor, ein wunderschönes Freistoßtor ins Lattenkreuz. Und jetzt bin ich hier in der Hütte und brenne das Spiel auf DVD, ich wollte das Tor noch einmal sehen, aber es ist nicht da, es fehlen die letzten fünf Minuten des Spiels. Die moderne Elektronik dieser neuen digitalen Videokameras, ab und zu ist immer irgendwas, bei der da kann man sich nie sicher sein, ob sie aufnimmt oder nicht, wie damals, als ich irgendein Spiel filmte, und ich weiß nicht, was dann passiert ist, auf jeden Fall habe ich dieses Spiel gar nicht aufgenommen. Ich müsste Francesco anrufen und es ihm sagen, aber was soll ich ihm schon sagen, ich rufe Anna an und sage es ihr.

160.

Dreieinhalb Jahre lang haben wir die Plazenta von unserem Sohn in der Tiefkühltruhe aufbewahrt. Als wir dann in die Stadt gezogen sind, haben wir sie in einer Art Zeremonie in den See geworfen, aber auch weil der neue Tiefkühler zu klein war.

161.

Dann gehe ich doch nicht ins Bett, ich raffe mich auf und gehe in die Bar. Auf dem Weg zur Bar betrachte ich den Himmel, er ist grau und tief, Schneelicht, gestern haben sie Schnee bis auf 1200 Meter vorausgesagt, aber nichts, es hat nicht geschneit, nur ein ganz leichter Regen, und heute Morgen sagten sie Schnee bis auf 1000 Meter voraus und tatsächlich hat es heute Morgen ein wenig geschneit. Für morgen Schnee bis auf 800 Meter, und bei all diesen Nachrichten über den Schnee, der kommen soll, und diesem grauen und tiefen Himmel reden die Erwachsenen nur noch über das Wetter, denn der Schnee, und das stimmt, lässt alle wieder ein wenig zu Kindern werden, er füllt uns die Augen mit kindlicher Freude, man möchte gerne Schneebälle werfen, wenn man auf den Bus wartet, und man möchte in der Mittagspause gerne Schneemänner bauen und man möchte gerne Schneeballschlachten machen und sich in die Schneehaufen stürzen, aber nichts davon passiert, wir sind nämlich erwachsen, um Himmels willen, beherrschen wir uns!

162.

Ich erinnere mich auch noch an den Sex, den ich während der Hochzeit einer Freundin von mir hatte, vielleicht war es mit der Cousine des Bräutigams, ich weiß es nicht, er ist nämlich Deutschschweizer, und ich also mit diesem hübschen blonden Mädchen, aber wir haben uns überhaupt nicht verständigen können, weil ich ihre Sprache nicht spreche und sie kein Italienisch sprach, wir also aus dem Restaurant hinaus und nach hinten, wo die Autos geparkt waren, es war alles dunkel, und wir lagen fast unter meinem Volvo, denn so fühlte ich mich vielleicht eher als Herr im Hause, auch wenn es stimmt, dass wir nicht in meinen Volvo einsteigen konnten, weil die Schlüssel in meiner Jackentasche waren und meine Jacke über dem Stuhl im Restaurant hing.

163.

Ich bin hier im Haus und ich glaube, dass auch ich auf Pause bin, wie mein schönes Gärtchen, ich habe keine klaren Ideen im Kopf, was ich machen will, das Buch habe ich zu Ende gelesen und ich habe nichts anderes zu lesen, ich könnte das Feuer anfachen oder einen Spaziergang machen, aber es schneit und es ist kalt, ich könnte mir einen Kaffee, einen Tee machen, eine Suppe kochen, Musik hören, malen, Liegestütze machen, ich gehe ins Bett.

164.

Ich hörte Jazzmusik im Internet und dann fing ich an, die Telefonnummern dieser Firmen zu suchen, die Film- und Videoproduktionen machen, denn ab und zu rufe ich sie an und sage, Ciao ich bin es wieder, habt ihr Arbeit als freiberuflicher Kameramann? Und sie, Nein, versuchen Sie es ein anderes Mal. Ich habe wirklich die Nase voll vom Wachdienst, ich würde gerne in der Produktion von Videos arbeiten und in der Freizeit möchte ich weitermachen mit Malen.

165.

Heute Morgen habe ich meinen Sohn wieder in die Stadt gebracht, aber nicht in den Kindergarten, er wollte nicht in den Kindergarten und sagte zu mir, Wir sagen, dass ich krank bin, seine Mama kam auf die Straße herunter, um ihn abzuholen, und dann bin ich wieder hier herauf in die Hütte gefahren und da war ein schöner Brief von Samantha, in dem stand, dass der Amtsrichter den Termin für die Anhörung des Ehepaars in der gemeinsam beantragten Scheidungssache auf Dienstag, den 12. Februar festgesetzt hat. Ich gehe in die Bar. Ich habe dann einen Großteil des Tages in der Bar verbracht. Angelo war da, er spielte mit Gaia zusammen Scopa und forderte Silvio und Felix heraus, wenigstens in der Bar sah ich ein paar Leute, ich hatte keine Lust, alleine zu Hause zu bleiben, denn das ist wieder einer dieser Tage, an denen du es nicht erwarten kannst, ins Bett zu gehen. In die Bar sind auch zwei Touristen gekommen, ein Deutschschweizer Rentnerpaar mit Wanderschuhen und Rucksack, die das Ende der Scopa-Partie abwarten mussten, bis sie zwei Kaffee bestellen konnten. Als Eurosia vom Stuhl aufstand und sie fragte, Was soll ich euch bringen?, machten die beiden Touristen ein Gesicht, als wollten sie sagen, Ah, du bist also die Kellnerin? Dann habe ich meinen Sohn angerufen, um ihm Gute Nacht zu sagen und dass er einen seiner Gormitos hier vergessen hat, ob er denn wolle, dass ich ihn ihm schicke, Nein, sagte er, aber ich schicke ihn ihm trotzdem, zusammen mit etwas anderem, denn morgen gehe ich zu Manor, morgen arbeite ich in der Bank und vielleicht kaufe ich ihm Sticker und ein Buch über Ritter, er ist nämlich verrückt nach Rittern und Burgen und ich schicke sie ihm zusammen mit dem Gormito, den ich in einem dieser Umschläge mit Luftpolster bereitlege, denn ich habe hier einen Stapel, bereits frankiert und bereits die Adresse draufgeschrieben, denn in dieser Zeit ist alles, was mir das Leben leichter macht, wie ein Hauch frischer Luft.

166.

Mir und meinem Sohn gefällt es, wenn ich die Romane, die ich lese, laut vorlese, und auch wenn er dann in meinen Armen einschläft, lese ich laut weiter und muss immer ein Glas Wasser in Reichweite haben.

167.

Ich bin immer allein, wenn ich hier oben in der Hütte bin und mein Sohn nicht bei mir ist, auch wenn ich ab und zu in die Bar gehe, aber jetzt gehe ich nicht mehr wie im Sommer jeden Tag dorthin, jetzt wird es schon um fünf dunkel, es ist kalt und man ist nicht mehr gerne draußen, nicht einmal für einen Spaziergang, nur so zum Beispiel, denn die habe ich im Sommer gemacht, oben auf den Pfaden in den Kiefernwäldern, und so bleibe ich alleine, außer wenn ich arbeite, aber meine Arbeit ist der Wachdienst, nicht dass ich mich da mit wer weiß wem austausche, und schließlich wird mir da oben klar, dass ich eben deshalb, weil ich alleine bin, ständig Nachrichten schreibe, E-Mails schreibe, weil ich nämlich nicht gerne telefoniere, Manuela sagt es mir immer, dass ich das Telefon nur benutze, um mit meinem Sohn zu sprechen, denn wenn er nicht hier bei mir ist, rufe ich ihn jeden Tag an, um ihm Gute Nacht zu sagen, so wie ich jetzt Lust bekommen habe, ihn anzurufen, und er sagt, Ciao Papi, wann kommst du mich abholen? Ich habe ihn vor knapp zehn Stunden in die Stadt zurückgebracht, heute ist Montag und ich hole ihn in elf Tagen wieder ab, am übernächsten Freitag, und er sagt zu mir, Bis du kommst, muss ich elf Mal ins Bett gehen? Ja, habe ich ihm gesagt, aber nur, wenn deine Mama nicht irgendwas erfindet, um mir dann zu sagen, Nein, dieses Wochenende kannst du ihn nicht sehen, aber das habe ich ihm nicht gesagt.

168.

Bei H & M habe ich mir sechs Paar Socken aus Merinowolle gekauft, es wird nämlich langsam wirklich kalt. Es gab sie in Dreierpacks für neun Franken neunzig. Ich habe die Etiketten aufmerksam gelesen, sie sind alle gleich, aber die Socken in manchen Packs sind in der Türkei hergestellt und andere in China, die türkischen haben 57 Prozent Wolle, während die chinesischen 50 Prozent haben. Ich habe die türkischen gekauft.

169.

Ich habe Anna angerufen, die aus dem Stadion, aber nach dem ersten Klingeln habe ich wieder aufgelegt und dann, nach zehn Sekunden, klingelt mein Handy, sie war es, aber ich bin nicht drangegangen, denn ich glaube, dass ich eigentlich gar keine Lust habe, eine Geschichte anzufangen. Vielleicht muss ich noch die Trennung verdauen, aus der dann eine Scheidung wird, aber wenn man bedenkt, dass meine Exfrau die Trennung und auch die Scheidung schon seit Langem verdaut und auch ausgeschissen hat, dass sie am Tag nachdem sie mich aus der Wohnung geworfen hat, ihren neuen Mann hereingeholt hat, den sie schon seit einigen Wochen traf, und dass sie schon nach zwei Monaten schwanger war, und jetzt gibt es Gerüchte, dass sie in eine andere Wohnung umziehen und dass sie sich ein zweites Auto kaufen und dass sie Weihnachtsferien planen und was weiß ich was noch, während es mir vorkommt, dass mir die Trennung und die Scheidung auf den Magen schlagen, und ich glaube, dass es mich höllisch anstrengt, sie zu verdauen, und ich möchte nicht zu weit gehen, wenn ich sage, dass vielleicht, vielleicht diese Geschichte mit der Trennung und der Scheidung mir so auf dem Magen liegt, dass ich sie früher oder später auskotzen muss.

170.

Heute habe ich versucht, den Gang und den Blick von einem harten Burschen anzunehmen, was für eine Anstrengung, die Kiefermuskeln anzuspannen und die Schultern und die Fäuste zu ballen. In der Mittagspause hat eine alte Frau, die gerade Dosen mit Katzenfutter, Schokolade, ein Brot und eine Flasche Weißwein mit Schraubverschluss auf das Band gelegt hatte, zu mir gesagt, Bitte, und mich in der Schlange an der Coop-Kasse vorgelassen, und obwohl ich einem Mann den Durchgang versperrt hatte, der draußen auf dem Trottoir eine Zigarette rauchte und hustete, ging er zur Seite und sagte, Entschuldigung bitte, denn ich hatte ihn mit einem harten vorwurfsvollen Blick angeschaut, aber dann hat mich ein betrunkener Obdachloser hier in der Nähe vom Park auf den Arm genommen und zu mir gesagt, Ciao Chef, gute Arbeit, und dann ließ mich der Barista in der Bar die Brioche nicht bezahlen, denn die Uniform eines Wachmanns verleiht mir diese Autorität und lässt mich spüren, dass alle mich fürchten und zugleich achten, und darum glaube ich, dass einer, der sie jeden Tag unter den Leuten auf der Straße trägt, einer von der Polizei zum Beispiel, dass der es wie eine Gewohnheit annimmt, dieses Selbstvertrauen, und dann wirst du eben hart. Wenn du darauf achtest, gehen alle Polizisten wie harte Burschen, aber manche haben immer eine Sonnenbrille auf und darum kann man nicht sagen, ob sie auch einen harten Blick haben.

171.

Seit zwei Tagen rufe ich Paola an, sie schuldet mir die letzten 250 Franken, es klingelt und klingelt, aber sie geht nie dran, ich habe eine Nachricht auf dem Anrufbeantworter hinterlassen, Ciao Paola, wie geht's? Erinnerst du dich an unsere Abmachung, dass du mir noch 250 Franken schuldest? Ich will gerade auflegen, da sage ich noch, Ich halte dich für einen intelligenten Menschen.

172.

Ein anderes schönes Mal, als ich Sex hatte, war mit diesem Mädchen, das ich gerade erst kennengelernt hatte, als ich in Australien als Filmvorführer in einem Kino mit vierzehn Sälen arbeitete und alle Filme starten, einstellen undsoweiter undsofort musste, aber zwischen einem Film und dem nächsten manchmal auch eine Viertelstunde hatte, in der ich herumspazieren konnte und die Leute beobachten, die Schlange standen, um eine Eintrittskarte und Popcorn zu kaufen, bis ich an jenem Abend dieses dunkelhaarige Mädchen sah, das eine Limonade mit dem Strohhalm trank und mich anschaute, ich trug die Uniform eines Filmvorführers und hatte sogar ein Funkgerät und einen Generalschlüssel für das Kino, also habe ich sie auch angeschaut und dann sind wir im Vorführraum von Saal 8 gelandet, aber ich weiß noch, dass wir fünf oder sechs Mal von meinem Chef unterbrochen wurden, der mich Dinge fragte wie, Warum läuft der Film in Saal 12 noch nicht?

173.

Heute habe ich mir bei Coop einen schönen Ordner und einen schönen Hefter und einen schönen Locher gekauft, ich will nämlich alle Blätter Rechnungen Scheidungspapiere Arbeitsstunden Dokumente undsoweiter undsofort in Ordnung bringen, weil sie etwas zu sehr überall in der Wohnung verteilt sind, und dann kommen Mahnungen und Zahlungsbefehle und die beiden Pfändungsbescheide und ich weiß nicht, warum ich nie etwas finde.

174.

E-Mail an meine Anwältin. Ciao Samantha. Jetzt geht das schon wieder los, wieder einmal verweigert sie mir meinen Sohn am nächsten Wochenende. Ich verlasse mich auf dich, ich weiß nicht mehr, was ich denken soll. Noch etwas, von dem ich will, dass die Marchesi es erfährt: Vor einer Minute habe ich mit meinem Sohn telefoniert und wir sprachen darüber, dass seine Mutter nicht will, dass wir uns am nächsten Wochenende sehen, er war traurig und da kam sie und sagte ihm, dass er mit mir nicht über diese Dinge reden darf, dass es nicht in seiner Verantwortung liegt, und sie hat ihm das Handy aus der Hand genommen und es ausgemacht. Ruf mich an.

175.

Ich bin kein Mensch von vielen Worten, ich kann auch mehr als einen Tag ohne zu reden auskommen und darum nerven mich die Menschen, die immer reden und viel reden, wie wenn neben dir ein Radio läuft, wie das Radio oben in meinem Bergdorf, um nur ein Beispiel zu nennen, sie müssen dir alles erzählen, weil sie nicht aufhören können zu reden, und wenn ich merke, dass jemand wie ein laufendes Radio ist, dann weiche ich ihm aus vor Angst, dass er mir ein Ohr abkaut, auch wenn ich dann als unhöflich gelte, wie heute mit diesem Kollegen, einem, den ich vorher noch nie gesehen hatte, wir hatten zusammen Wachdienst, und als wir uns zu Schichtbeginn treffen mussten, um uns abzusprechen, hatte ich sofort begriffen, dass er ein Radio ist, Achtung, wenn der dir ein Ohr abkaut, habe ich mir gesagt, Achtung, den wirst du nicht mehr los, aber zum Glück konnte ich ihm aus dem Weg gehen, weil wir vereinbart hatten, dass ich hier Wache halte und er hundert Meter weiter drüben und dass wir uns am Ende der Schicht treffen, aber dann hat er mir immer wieder auf dem Funkgerät gefunkt, He, Ciao, sag mal, bei dir alles okay?, krächzte mein Funkgerät, und als er mich das vierte Mal in zwanzig Minuten anfunkt, mache ich auf hart, Hör mal, du kannst mich nicht immer mit dem Funkgerät anfunken, diese Dinger haben wir nämlich nur für den Notfall, Okay okay, in Ordnung, reg dich nicht auf, aber eine halbe Stunde vor der Mittagspause kam er zu mir, dieses Radio von einem Wachmann, und das hat mich so aufgeregt, wenn du dich auf eine Sache einigst und einer kümmert sich einen Scheiß darum und macht, was er will, so was passt mir überhaupt nicht, und ich habe zu ihm gesagt, Was verdammt noch mal machst du hier, jetzt ist dein Bereich nicht mehr überwacht, habe ich ihm vorgeworfen, obwohl wir beide wussten, dass der Wachdienst auf dieser Baustelle völlig nutzlos war, aber inzwischen stand er vor mir, Sag mal, fragte er mich, wohin gehst du denn mittagessen?, Ich weiß nicht, habe ich ihm geantwortet, Dann können wir ja zusammen gehen, hat er gesagt und dann ist er zurückgegangen, weil ich ihn streng anschaute und mit dem Zeigefinger nach drüben zeigte. Es war zehn vor zwölf, ich machte das Funkgerät aus und ging zu Fuß sehr weit weg in eine Bar, meine Arme schwangen energisch vor und zurück, und dann habe ich mich hingesetzt. Die besten Menschen sind diejenigen, die die Stummtaste in Reichweite haben.

176.

Samantha hat mich angerufen und mir gesagt, dass sie mit der Marchesi gesprochen hat, Also, hat sie gesagt, deine Ex hat beschlossen, dass du für weitere zwei Monate, wegen Unstimmigkeiten zwischen dir und ihr... Was für Unstimmigkeiten denn?, Samantha, welche Unstimmigkeiten? ... du deinen Sohn nur jedes zweite Wochenende sehen kannst. Jedes zweite? Jedes zweite Wochenende? Aber das mit den Unstimmigkeiten zwischen ihr und mir, das hat sie frei erfunden, Samantha, was für eine... Scheiße, endet sie. Hat sie wirklich Scheiße gesagt? Und dann redet sie weiter und sagt mir, Deine Ex hat der Marchesi gesagt, wenn euer Sohn bei dir ist, dann redest du schlecht über sie und ihren Freund und dann... Schon wieder. Die hat doch Paranoia, Samantha, Verfolgungswahn... Hast du etwas zum Schreiben, ich gebe dir die Termine, an denen du deinen Sohn abholen darfst, hast du etwas zum Schreiben? Warte, ich suche einen Bleistift, ich bin im Auto, ich finde ihn nicht... Ich schicke sie dir per E-Mail, es sind fünf Wochenenden in den nächsten zwei Monaten und dazwischen liegt Weihnachten. Samantha macht eine dramatische Pause, denn es ist wirklich ein Drama. Da haben wir's, an Weihnachten kann ich ihn nicht sehen, gut, dann frage ich, ob ich an Weihnachten Wachdienst machen kann, dann ist es nämlich egal, ein Tag wie jeder andere... Es tut mir leid, sagt sie, Lass gut sein, Samantha, lass gut sein, seufze ich und dann versuche ich mich wieder zu fassen, ich will vor meiner Anwältin keine jämmerliche Figur machen. Mit wem verbringst du denn Weihnachten?, frage ich sie. Dito, lass gut sein.

177.

Ein schöner Ort, wo ich Sex hatte, war auch, als ich beim Militär war, in dieser Kleinstadt an der Grenze zu Deutschland, und an einem Wochenende dableiben musste, ich hatte Wache auf einem Parkplatz für Militärfahrzeuge und hielt dort die ganze Nacht Wache zusammen mit diesem anderen Westschweizer Soldaten, ich weiß noch, dass er eine dicke Nase hatte, und da sagt dieser Soldat zu mir, dass er gerade heute ein Mädchen kennengelernt hat und ihr gesagt hat, sie solle vorbeikommen und eine Freundin mitbringen. Sie kamen wirklich und wir haben uns in einen dieser Militärjeeps zurückgezogen, um eine Flasche Grappa zu trinken, und dann sind wir herumgezogen und mein Mädchen und ich sind ins Fahrraddepot des Bahnhofs eingestiegen und dort haben wir uns geliebt. Am Wochenende darauf waren ich und der Soldat mit der dicken Nase immer noch in dieser Kleinstadt an der Grenze zu Deutschland, aber wir hielten nicht Wache auf dem Parkplatz für Militärfahrzeuge, wir waren im Gefängnis.

178.

Ich schaue die Champions League im Fernsehen, aber das ist nur ein Vorwand, um Bier zu trinken und Kartoffelchips zu essen.

179.

Wenn ich mir sage, dass ich etwas machen muss, bekomme ich oft Angst, weil ich es schaffe, so zu tun, als hätte ich nicht gehört, was ich mir gerade gesagt habe, und diese Sache, mir nicht zuzuhören, ist für mich ein Affront, der nicht zu entschuldigen ist und mir Unverständnis bereitet, und folglich bekomme ich diesen Bierbauch. Wenn ich mir dann aber zuhöre, muss ich zwangsläufig eine schöne Ausrede finden, denn sonst würde die Qual wegen diesem Unverständnis an mir nagen und mich noch mehr schmerzen als der Bauch, der immer größer wird, nur mal als Beispiel. Und schließlich, anstatt sie zu finden, die Ausrede, erfinde ich sie, und ihr höre ich dann zwangsläufig zu, und das, was ich mir gesagt habe, ist, dass es okay ist, im Winter etwas dicker zu sein. Dieser Gedanke könnte einem unsinnig vorkommen, und vielleicht ist er es auch, denn manchmal kann ich meine Gedanken nicht kontrollieren und sie kommen so verquer heraus, dass ich recht habe, wenn ich ihnen nicht zuhöre.

180.

Eine Sache, die mich langsam anfängt zu nerven, wenn ich darüber nachdenke, die mich ab und zu aber auch richtig aufregt, ist die, die mir vorhin passiert ist, als ich in der Bar war, um einen Kaffee zu trinken und Zeitung zu lesen, und als ich dann fertig war mit Trinken und Lesen und aus dem Fenster schaute und wartete, bis es acht wurde und ich losgehen konnte, um meinen Wachdienst auf der Baustelle in der Bank anzutreten, und dann ein Typ zu mir sagte, Entschuldigen Sie, darf ich?, wobei er mit dem Finger auf die zusammengelegte Zeitung auf meinem Tisch zeigte, er war um die zwanzig und fragte mich, Entschuldigen Sie, er hat mich gesiezt, mich, und ich sage Ja und stehe auf, um zu gehen, obwohl es zehn vor acht ist, und er sagt zu mir auch noch, Danke, auf Wiedersehen, und ich bin mir fast sicher, dass er mich nicht wegen meiner Uniform als Wachmann gesiezt hat, so wie mich unterwegs in der Stadt viele fragen, Entschuldigen Sie, wo ist diese Straße, und Entschuldigen Sie, wie spät ist es, als ob jemand mit einer Uniform alles wüsste, aber ich habe schon bemerkt, dass seit einiger Zeit ein paar Typen hier sogar Guten Tag anstatt Ciao zu mir sagen, und das alles, dieser ganze Kram, lässt mich wirklich denken, dass mich das Altwerden nervt.

181.

Heute habe ich frei, und als ich aufgewacht bin, schien eine so große Sonne durch die Fenster herein, dass sie mir wie eine Mittagssonne vorkam, ich schaue auf die Uhr, es ist halb zwölf. Ich konnte es gar nicht glauben, dass ich bis halb zwölf geschlafen habe, ich glaube, seit Jahren habe ich nicht mehr so lange geschlafen, gestern Abend muss ich gegen zehn eingeschlafen sein, okay, gestern Abend habe ich ein bisschen Fußball im Fernsehen geschaut, ich hatte nichts anderes zu tun, ich habe keine Bücher mehr zum Lesen, vor drei Wochen habe ich unten in der Stadt in diesem schönen Buchladen, wo ich oft hingehe, ein Buch bestellt, ich kann es kaum erwarten, es zu lesen, aber es kommt nie, jedes Mal, wenn ich anrufe, sagen sie mir, Wir rufen an, sobald es da ist, und plötzlich läuten die Glocken zum Mittag, sieh mal einer an, wie die Zeit verfliegt, wenn man nicht arbeitet.

182.

Wenn ich diese Bilder malte, diese Porträts, die dir Angst machten, in Acryl auf Packpapier, dann hängte ich dir Packpapier an die Wand und du hast mit mir zusammen gemalt, wie neulich hier in der Hütte, als ich ein deformiertes Gesicht malte und du einen Tyrannosaurus mit offenem Maul, und dann haben wir uns hingestellt und sie betrachtet, wie wenn man zu Ausstellungen geht, und haben uns gefragt, welches Bild am meisten Angst macht, und du hast lange darüber nachgedacht und am Ende hast du dann zu mir gesagt, Die machen keine Angst, weil es nur Bilder sind.

183.

Ich trinke einen Schluck Bier und schaue aus dem Fenster, mein schönes Gärtchen ist auf Pause, hier und da liegt noch etwas Schnee, letzte Woche, als es schneite, sind zwei Handbreit heruntergekommen, aber dann hat es auf den Schnee geregnet, es war einige Tage fast frühlingshaft warm, ich sehe, dass die Rhododendren und die anderen Pflanzen, wie der Lavendel da auf dem Mäuerchen, vermutlich auch nicht mehr begreifen, was sie tun sollen, meine Pflanzen, ob sie Pause machen oder neue Triebe oder Blüten bilden sollen, und wer weiß, ob die Murmeltiere da oben auf dem Gipfel im Winterschlaf sind oder ob auch sie nicht mehr begreifen, was sie tun sollen, womöglich gehen sie gar nicht mehr in den Winterschlaf, wie die Schwalben, ziehen die Schwalben eigentlich noch in den Süden?

184.

Ich bin hinunter ins Tal gefahren und lese eine Autozeitschrift hier in der Bar Posta, die Musik ist laut und Rosaria spricht mit lauter Stimme mit zwei jungen Frauen, ihren Freundinnen. Oben in der Bar Lepre Bianca haben sie keine Zeitschriften, sie haben nur die Zeitung, ich habe sie gelesen, bevor ich heruntergekommen bin, ich trinke noch ein Bier, vorher, oben in der Lepre Bianca, habe ich schon eines getrunken. Und dann bin ich auch hier, weil ich warte, bis die Coop-Filiale gegenüber der Bar aufmacht, aber ich weiß nicht, ob sie um 13.30 Uhr oder um 14 Uhr aufmacht, an der Tür steht nichts und ich kann es mir nie merken, ich mag auch nicht fragen, denn ich habe ja nichts anderes zu tun, und so schreibe ich in der Zwischenzeit auf ein Stück Papier, was die Barista Rosaria und diese zwei Frauen, ihre Freundinnen, sagen, nachdem gerade der Typ, der die Weinkisten bringt, hereingekommen und sofort hinunter in den Keller gegangen ist. Die drei haben angefangen, spöttisch zu lachen, wie es Frauen tun, wenn sie über Männer reden, und Rosaria sagt zu einer der beiden, Willst du mit ihm in den Keller gehen? Rosaria sitzt da und kaut einen Kaugummi, wenn sie ihn nach rechts und nach links schiebt, spannen und entspannen sich ihre Kiefermuskeln, jetzt bestelle ich ein weiteres Bier, obwohl ich das hier noch nicht ausgetrunken habe, mal sehen, was sie sagt, die schöne Rosaria, zu mir, wenn sie an meinen Tisch kommt, um es mir zu bringen, also trinke ich das hier in zwei Schlucken leer und mache ihr mit der Hand das Zeichen, noch eines, und da kommt sie schon von hinten, sie beugt sich zu mir, um es auf den Tisch zu stellen, und dann reckt sie ihren Hals, um meinen Zettel zu lesen, sodass ich ihren Pfefferminz-Atem riechen kann, und sie legt ihren Mund an mein Ohr und flüstert, Was schreibst du?, und für einen Moment bleibt meiner stehen, mein Atem, und ihrer gleitet meine Wirbelsäule hinunter wie ein Schweißtropfen, bis zwischen die Hinterbacken.

185.

Aber als wir unten im Keller der Bar waren und uns küssten mit den Zungen im Mund und uns auch unter allen Kleidern anfassten und ich ihr dann die Bluse oder was auch immer sie trug hochschieben wollte, in diesem Moment sagte sie, Nein, ich kann nicht, genau das hat sie gesagt, ich kann nicht, ich bin verheiratet, und so ziehe ich meine Hand von ihrer Brust zurück und sage, Ich schreibe auf, was mir durch den Kopf geht, dann nippe ich am Bier und genieße diese fast erotischen Gedanken, und dann stecke ich meine Hand in die Tasche und kippe das ganze Geld auf den Tisch, um zu zählen, wie viel ich habe, ich will noch ein Bier bestellen, um bei Rosaria zu bleiben, aber das Leben ist nie perfekt, ich kann nicht einmal die beiden bezahlen, die ich eben getrunken habe, mir fehlen ein Franken und sechzig Rappen, Kann ich sie dir morgen bringen?

186.

Ich habe gerade gemerkt, dass ich eine Falte zwischen den Augenbrauen bekommen habe, hier knapp über der Nase, aber es ist keine horizontale Falte wie die, die man sonst auf der Stirn bekommt, sie ist vertikal. Ich glaube, ich habe sie in diesen Tagen bekommen, und ich bin sicher, es ist eine dieser Falten, die von der Nervosität kommen.

187.

Ich habe gerade meinen Sohn angerufen und er fragt mich sofort, Wann holst du mich ab? Jedes Mal, wenn ich ihn anrufe, rechnen wir rückwärts, Heute Abend sind wir bei minus sieben, sage ich ihm, in sieben Tagen, und er sagt zu mir, Es ist so lange, sieben Mal ohne dich schlafen zu gehen. Ich habe ihn gefragt, ob ihm die Überraschung, die ich ihm geschickt habe, gefallen hat, denn sie hätte genau heute ankommen müssen, und er fragt, Welche Überraschung? Da haben wir's, sie hat sie ihm nicht gegeben. Tief Luft holen, ich hole tief Luft und dann sage ich zu ihm, Geh und sag deiner Mama, sie soll dir den Umschlag geben, den ich dir geschickt habe, und er sagt es ihr sofort, sie steht neben ihm und überwacht das Telefongespräch. Der Umschlag war irgendwo im Haus, er bekommt ihn, er öffnet ihn, und dann bedankt er sich ganz glücklich für diese schönen Bilder, die ich für ihn gemalt habe, ich habe mit Filzstift die Umrisse einiger Figuren aus den Comics gemalt, die ihm so gut gefallen, wie zum Beispiel Shrek oder Simba, es sind Bilder, die er farbig ausmalen kann, und so bleiben wir durch diese Bilder miteinander verbunden, wie wenn er einen Niesanfall bekommt und ich dann auch niesen muss.

188.

Heute hätte ich meinen Sohn im Kindergarten abholen sollen, normalerweise hole ich ihn freitags ab normalerweise hole ich ihn um halb vier ab und normalerweise warte ich auf ihn zusammen mit einigen Großvätern, Großmüttern, Mamas und wenigen Papas, die arbeitslos sind oder denen es geht wie mir, er sieht mich auf dem Vorplatz und läuft mir entgegen in Zeitlupe, wie in manchen Filmen, damit mehr Zeit ist, um sein Lächeln, seine Augen voller Glück zu sehen, und wir umarmen uns. Aus dem Augenwinkel bemerke ich eine junge Mutter, die mich beobachtet. Sie wartet, bis ich ihren Blick kreuze, und kommt auf mich zu. Eine schöne Frau. Ich weiß, dass sie

Jennifer heißt, aber in diesen wenigen Sekunden, die uns trennen, kann ich mich nicht erinnern, welche der drei oder vier Jennifers, die meine Exfrau kennen, es ist, ich habe sie ab und zu gesehen, alles Amerikanerinnen, vielleicht ist eine auch Engländerin, ich versuche mich an die da zu erinnern, wo habe ich sie das letzte Mal gesehen, wer ist ihr Sohn oder ihre Tochter, wer ist ihr Mann, vielleicht ist sie die, die sich scheiden lässt? Ich würde mich gerne erinnern, aber sie gibt mir keine Möglichkeit dazu, sie kommt bis auf eine Handbreit heran, sodass ich ihren Atem riechen kann, er riecht nach Zigaretten, sie lässt ihrem Mund freien Lauf und ihre Worte füllen meinen Kopf, Dinge, die ich nicht verstehe und die ich nicht verstehen will, aber dann sagt sie, Mit deiner Frau... Ex, korrigiere ich sie, und sie, Ex, natürlich, ähm, macht sie, ähm, wie eine läufige Katze, mit deiner Exfrau treffe ich mich nicht mehr, sagt sie und legt ihre Hand auf mein Handgelenk, das an meiner Hüfte herunterhängt, ein Lächeln, das ablenkt, so breit ist es, perfekte Zähne, ähm, macht sie erneut, dann bewegt sie ihre Hand und streichelt meinen Arm, hinauf und hinunter, ein Stromschlag schießt mir durch den Hals und in den Kopf, aber was will sie mir denn mitteilen? Will sie mich abschleppen? Plötzlich beginnt mein Herz zu rasen, ich spüre es gegen das Brustbein schlagen, und ihr Lächeln, das dieser Jennifer, deformiert sich zu einem fürchterlichen Grinsen, ich zucke zusammen, meine Stirn kommt ins Schwitzen und der Stromschlag schießt hinunter in den Magen, meine Speicheldrüsen schütten eine große Menge Speichel aus. Ich stütze mich auf meine Knie, schließe die Augen und hole Luft, aber ich muss spucken, dann überrascht mich ein Schwall von Erbrochenem und vielleicht kotze ich weiße und gelbe Funken, aber ich bin mir nicht sicher, ein grelles Leuchten explodiert vor meinem Gesicht und ich werde ohnmächtig. Es vergeht eine ganze Weile, aber als ich wieder aus der Dunkelheit auftauche, kehre ich zu dem Gedanken zurück, den ich hatte, bevor ich von dieser läufigen Katze Jennifer angequatscht wurde.

189.

Ich dachte gerade an meinen Sohn, in Zeitlupe, wie in einem Film, ich stellte ihn mir vor in einem Drachen-Sweatshirt mit einem Drachenkopf als Kapuze, mit einem gelben Rückenkamm, der am Kopf beginnt, den Rücken hinuntergeht und in einem Schwanz endet, der fast den Boden berührt, und mit einer Taucherbrille, um die Welt zu sehen, wie wenn man unter Wasser ist, sagt er. Extravagant und spontan, manchmal nenne ich ihn Basquiat. Ich hatte ihn zweimal innerhalb einer Woche zu einer Basquiat-Ausstellung unten in der Stadt mitgenommen, er war dreieinhalb Jahre alt und die großen farbigen Bilder hatten ihm alle gefallen. Seit damals zeichnet er nur noch Basquiats, sagt er. Aber anstatt meinen Sohn abzuholen, bin ich hier in der Lepre Bianca und Angelo macht mich beim Scopa-Spielen fertig. Und jetzt? Du bist dran, sagt er. Ich schaue ihn an, wie man einen Fremden anschaut, der vor einem Moment noch nicht da war, ich schaue meine Karten an, lege die erste zufällig hin, Angelo schüttelt den Kopf, er legt die Herz-Zehn hin und sagt ohne Begeisterung, Scopa.

190.

Es ist Samstag, ich arbeite nicht, auch morgen nicht, mein Sohn ist nicht bei mir, ich muss an diesem Wochenende ein Fußballspiel filmen, ich bin aufgewacht, die Sonne scheint, ich habe nichts zu tun. Was soll ich machen? Wenn ich Wachdienst habe, ist der Tag fast ganz mit der Arbeit im Wachdienst ausgefüllt, und wenn ich nicht arbeite und mein Sohn bei mir ist, sind die Tage so voll, dass ich mich gar nicht erst fragen muss, was ich machen soll. Ich habe im Internet auf der Seite des Fußballvereins nachgesehen, nur um irgendwas zu tun, und habe gelesen, dass das Fußballspiel nicht heute, sondern erst morgen Nachmittag ist. Also versuche ich mir ein wenig Lust zu machen und mir zu überlegen, was ich tun könnte, einen Kaffee habe ich mir schon gekocht und ich habe ihn auch schon getrunken, ich könnte die Post holen gehen, ich gehe, keine Post. Vielleicht fahre ich ein bisschen mit dem Fahrrad auf dem Heimtrainer, aber dann gehe ich doch duschen, und dann werde ich schauen, was ich nach dem Duschen mache, aber momentan habe ich eigentlich gar keine große Lust, irgendwas zu machen. Wenn das passiert, ist das einer dieser Tage, die besser im Winter passieren, dann wird es nämlich früh Nacht. Amen.

191.

Vorhin bin ich nach oben gegangen, um ein sauberes Handtuch zu holen, und dort oben im Zimmer habe ich mein schönes Fahrrad auf diesen schönen nagelneuen Rollen gesehen, ich glaube, heute sind es vier Wochen, dass ich nicht mehr damit gefahren bin, mit dem Fahrrad auf den Rollen, und das bedeutet, dass ich mich so lustlos fühle, dass ich nicht einmal mehr Lust habe auf den Heimtrainer, denn die Kraft dazu hätte ich ja, wenn ich wollte, könnte ich bequem eine halbe Stunde damit fahren, aber ich habe eben keine Lust dazu, und auch keine Lust, Liegestützen zu machen oder Bauchzüge, etwas in mir hat nämlich Klick gemacht. Dann schauen wir doch mal, was da Klick gemacht hat, vielleicht ist es, weil der Winter kommt und ich mich deshalb völlig lustlos fühle, vielleicht, aber ich habe ja nicht einmal ein schlechtes Gewissen, weil ich dreihundert Franken für diesen Heimtrainer ausgegeben habe. Vielleicht ist es aber auch, weil meine körperliche Form mich nicht mehr so interessiert, ich habe nämlich auch kein schlechtes Gewissen mehr, wenn ich dieses bisschen Bierbauch bekomme, es ist ja kein wer weiß wie dicker Bauch, ich bin immer noch mager, und wenn schon, dann könnte man sich eher Sorgen machen, dass ich vielleicht abnehme. Und es stimmt ja wirklich, dass ich eher abnehme, denn ich esse nicht mehr so gut wie vorher. Seit ich aus der Wohnung geworfen wurde und alleine hier oben in den Bergen wohne, kümmere ich mich nicht mehr richtig um meine Ernährung, während ich früher der war, der wie ein Gott gekocht hat, und wenn wir Gäste hatten, habe ich göttliche Abendessen gekocht, aber nach dem Essen haben die Gäste der Köchin Komplimente gemacht. In letzter Zeit koche ich fast nichts mehr, ich esse fast immer während der Fahrt, ich esse ein Sandwich im Auto. Aber wenn mein Sohn bei mir ist, gebe ich mir Mühe, denn mit ihm bekomme ich wieder Lust, etwas zu tun, auch zu kochen. Also müsste ich wieder anfangen, dieses Fahrrad zu benutzen, wenn mein Sohn bei mir ist, die Momente nutzen, in denen ich wieder Lust habe zu leben, ja, bla, bla, bla, sage ich mir, los, geh duschen und hör auf, dich zu bemitleiden.

192.

Aber dann habe ich doch nicht geduscht, ich habe mich rasiert. Nach dem Rasieren bin ich hinunter ins Tal gefahren, um in der einen oder anderen Bar Zeitung zu lesen, ich wollte nicht den ganzen Tag im Haus verbringen, und weil ich gerade dabei war, habe ich zwei Patronen für meinen Drucker und kleine Sticker für das Shrek-Album von meinem Sohn gekauft. Hier ganz unten im Tal mag ich den Samstagvormittag, es ist Markt, die Leute sind umgänglicher als in der Stadt. Da ich schon in einer Bar war, um Zeitung zu lesen, habe ich ein Bier getrunken und angefangen, diese Leute zu betrachten, die vorbeispazierten, und ich muss schon sagen, dass es hier schöne Leute gibt, und wenn du hier zu Coop gehst, sagen die Verkäuferinnen Ciao zu dir, nicht wie in der Stadt, wo sie dir Guten Tag sagen. Dann bin ich fertig, ich habe die Zeitungen gelesen und Bier getrunken und diese schönen Menschen betrachtet, die hin und her spazieren mit den Taschen voller Obst und Gemüse und Käse und Salami, und ich fahre in die Berge zurück, gehe in meine Hütte, und noch bevor ich die Druckerpatrone auswechseln kann, stelle ich fest, dass ich das Papier fast aufgebraucht habe, aber keines gekauft. Ich kann nur drei oder vier Disney-Bilder ausdrucken. Ich stecke sie zusammen mit den Stickern in einen Umschlag und gehe damit zum Briefkasten.

193.

In den Briefkasten hier im Dorf, da hat jemand etwas hineingeworfen, das nach faulen Eiern riecht, wie diese Stinkbomben am Karneval, also fahre ich hinunter, um den Umschlag im Tal einzuwerfen, und kaufe gleich noch Papier für den Drucker.

194.

Ich habe mir gerade einen Topf voller Zeug gekocht, das müsste mir für die ganze Woche reichen, zwei Kilo Reis, ein Kilobeutel tiefgefrorenes Mischgemüse, Bohnen aus der Dose und dann habe ich noch tiefgefrorenen Kabeljau dazugetan.

195.

Aber dann ist wirklich immer irgendwas und man hört nicht auf, sich zu wundern und alle Scherereien aufzuzählen, die passieren. Heute war ich früher als vorgesehen fertig, ich überwachte die Arbeiten am Tresor, das ist der Geldschrank der Bank, zwei deutsche Arbeiter hatten dort zu tun und ich sollte die ganze Woche dort sein, aber heute, am Dienstag, um 11 Uhr waren die Arbeiten schon fertig und der Leiter der Baustellensicherheit sagte mir, ich könne nach Hause fahren, Geh, geh ruhig, hier ist alles in Ordnung, sagt er zu mir. Ich gebe Ferrari unten in der Zentrale Bescheid, Sieh zu, dass du mir von morgen bis Freitag etwas anderes besorgst, sage ich zu ihm und fahre in die

Berge zurück, öffne die Tür, rieche Heizölgestank und dann höre ich ein komisches Geräusch aus dem Heizkessel, der beim Eingang ist, öffne die Klappe, das komische Geräusch kommt von der Pumpe. Ich musste den Kamin anzünden, was ja schön und romantisch und alles ist, aber inzwischen ist die Pumpe kaputt und ich muss sie bezahlen, wo ich doch schon im November nur wenige Stunden gearbeitet habe und der Dezember so angefangen hat, dass ich eine Woche in der Bank arbeiten sollte, aber nach anderthalb Tagen bin ich wieder zu Hause, ohne eine einzige Stunde auf dem Wochenplan, denn Ferrari reißt sich kein Bein aus, um für mich einen Wachdienst zu finden, er, der seinen dicken Hintern im Warmen hat.

196.

Ich musste Doktor Bianchi anrufen, weil mir mein Medi-7 auf den Boden gefallen war, Tabletten überall, unter dem Kühlschrank, unter dem Tisch, und die kleinen braunen sieht man auf dem Terracottaboden ja sowieso nicht, ich habe den Boden abgetastet, da war nur Dreck, ich habe zwei unter dem Radiator gefunden, eine winzig kleine weiße, die ich, glaube ich, abends nehme, und eine ziegelrote, aber die Krankenschwester war am Telefon, Also, sagte sie, jetzt ist Freitagnachmittag, also müsstest du noch Blablabla haben, und dann hat sie mir gesagt, wie das Medi-7 zusammengestellt sein muss, und ich habe auf einem Zettel mitgeschrieben, Ja, okay, sage ich zu ihr, aber wenn du mir den Namen der Tabletten sagst und ich nicht weiß, wie sie aussehen, dann kann ich auch gleich…, aber sie, was für eine Engelsgeduld, diese junge Frau mit ihren Ringen, sie erklärt mir die Formen und die Farben, ein Durcheinander, denn wenn ich einen Fehler mache, endet es so, dass ich eine Nacht lang kein Auge zumache und dann bis Dienstag mit diesen wenigen, die ich gefunden habe, auskommen muss, aber daran will ich gar nicht denken.

197.

Dieses kleine Bergdorf ist bekannt, weil es hier ein Skigebiet gibt, das man vom Dorf aus mit dem Sessellift erreicht. Oben auf dem Berggipfel sind die Skipisten und es gibt auch einen weiteren Sessellift, der bringt dich bis hinauf auf den Gipfel in 2000 Metern Höhe, man kann also mit den Skiern vom Zweitausender bis hinunter ins Dorf fahren, wenn Schnee liegt, und in den letzten Jahren hat es hier trotz der Erderwärmung ziemlich gut geklappt mit dem Skifahren. Als Kind zog ich die Skier um neun Uhr morgens hier im Dorf an, wenn ich den Sessellift nahm, und zog sie am Ende des Tages hier vor der Hütte wieder aus, man konnte im Dorf nämlich sehr gut zwischen den Häusern fahren, und es gibt sie immer noch, die alten gepflasterten Wege zwischen den Häusern, die im Winter zu Ski- oder Bobpisten werden. Im März fährt man nur noch oben auf 2000 Metern, und es ist immer ein wenig zum Lachen, wenn man die Skifahrer sieht, die auf den Parkplätzen des Sessellifts hier im Dorf ankommen, wo es schon fast wie im Sommer ist, sie sind wie Taucher gekleidet und ich mache meinen schönen Spaziergang im T-Shirt, denn hier haben schon die Primeln geblüht. Ich spaziere über die Wiesen, Retos Esel wiehern, als hätten sie den Teufel im Leib, und dann schau dir diese Skifahrer an, die den Sessellift nehmen, und ich frage mich, wie dieses Skigebiet überleben kann, wenn es stimmt, dass die Klimaerwärmung voranschreitet, wie es heißt, und dass es vielleicht in zwanzig Jahren hier bei uns nicht mehr schneien wird.

198.

Jeden Tag an einem klassisch gedeckten Tisch zu essen, daran kann ich mich nicht mehr erinnern, denn seit dem 18. Mai passiert mir das nur noch, wenn ich ab und zu meine Eltern besuche.

199.

Manuela und ich, wir haben uns vor vielen Jahren am Meer kennengelernt, aber dann sind die Dinge so gelaufen, dass zwischen uns nichts passieren konnte. Oder wir waren zu ängstlich, etwas passieren zu lassen, oder wir wohnten zu weit voneinander entfernt.

200.

Ich habe meinen Kamin angemacht, denn zum Glück gibt es in dieser Hütte einen Kamin und da draußen im Holzschuppen das aufgestapelte Holz, ich habe Vorrat für mindestens zwei Jahre, und das Holzmachen ist eine großartige Sache, Motorsäge und Axt, sich mit Spänen und Staub bedecken, müde werden, und diese Energie, die du aufwendest, um das Holz zu zerkleinern, diese Energie gibt dir das

Holz wieder zurück. Denn sonst müsste ich in der Kälte, die in diesen Tagen herrscht, ins Bett gehen. Doch der Kamin brennt und es ist sogar zu warm. Ich mache ein Fenster auf. Wenigstens kann ich weiterlesen, denn sonst wüsste ich nicht, was ich machen soll. Aber dann habe ich es ausgelesen, das Buch, es war nichts Besonderes, ich hätte jetzt gerne einen schönen Cormac McCarthy hier oder einen Cesare Pavese, ich muss schauen, dass ich in der Nähe eine Bibliothek finde. Ich gehe ans Fenster, ich schaue hinaus, betrachte den Himmel, mache das Fenster wieder zu. Alleine hier oben in der Hütte, draußen schneit es, ich habe den Kamin angemacht, da ist es doch schade, nichts zum Lesen in den Händen zu haben.

201.

Ich habe gerade meinen Sohn angerufen, um ihm Gute Nacht zu sagen, es ist nämlich sieben Uhr abends und er schaute gerade einen Trickfilm, jeden Tag, wenn ich ihn anrufe, schaut er immer Fernsehen, egal, ob ich ihn um fünf oder um sechs oder um sieben anrufe. Eine Minute später hat mich Ferrari aus der Zentrale angerufen, um mir für morgen einen Acht-Stunden-Wachdienst zu geben, in einem Einrichtungsgeschäft unten in der Stadt, Entschuldige, wenn ich es dir erst jetzt sage, der andere hat mich eben erst angerufen, er ist krank, sagt Ferrari. Wenigstens kann ich morgen die Heizkesselpumpe bezahlen, von der ich glaube, dass sie kaputt ist, vorhin habe ich einen Moment hineingeschaut, ein wenig verstehe ich nämlich davon, von diesen Dingen, und ich bin zum Schluss gekommen, dass sie wirklich kaputt ist.

202.

Aber als ich heute Abend in die Hütte zurückkehrte, kam mir der Verdacht, dass ich in den Heizöltank unten im Keller schauen sollte. Wetten dass, oh nein, bitte nicht, wetten dass, sagte ich mir, als ich die Kellertür öffnete und auf den Tank zuging und den Deckel aufschraubte. Leer. Die Pumpe zog Luft.

203.

E-Mail an Manuela. Den Kamin habe ich dann doch nicht angemacht, man fühlt sich auch wohl, wenn es frisch ist im Haus, aber jetzt will ich mich daranmachen, etwas Ordnung in das große Chaos zu bringen, das hier herrscht. Ich sehe dich mit dem Fahrrad durch Genua fahren, mit der Einkaufstasche auf dem Gepäckträger und dem Baguette, das daraus hervorschaut wie in einem französischen Film. Weißt du, dass mir gerade jetzt, während ich dir schreibe, einfällt, wie ich einmal eine Fahrradtour machte und eine Steigung hinaufradelte, wo ein Zentrum für behinderte Menschen steht, ich radelte also die Steigung hinauf und hatte gerade eine Gruppe behinderter Jugendlicher auf einem Spaziergang erreicht, und ich weiß noch sehr genau, wie ich sie überhole und mit Mühe Ciao, Ragazzi sage, und dieser Down-Junge ruft mir nach, Tritt in die Pedale, du Idiot.

204.

Ich werde fast zwei Tage keine Tabletten haben, ich habe noch einmal gesucht, mir mit dem Handy Licht gemacht, aber nur Dreck gefunden und zwei Stück Penne rigate und einen Löffel hinter dem Elektroherd. Ich mache den Kühlschrank auf und trinke ein Bier, es ist das letzte. Die Bar macht um Mitternacht zu, dann bin ich allein.

205.

Ich habe einen nervösen Tick, aber den habe ich nicht erst jetzt, den habe ich schon seit Langem, aber so wie jetzt hatte ich ihn noch nie, denn wenn ich dasitze und vielleicht wie jetzt ein wenig Fernsehen schaue, dann werde ich ganz nervös wegen den Kleidern, die ich trage, vor allem hier am Hals und auf den Schultern, dass ich mir die Kleider vom Leib reißen möchte, und auch wenn ich Auto fahre, nerven mich die Kleider und der Sicherheitsgurt auf der Schulter und deshalb bewege ich ständig die Schultern und den Hals, wie wenn ich ein Tier auf mir hätte, das mich sticht, ich mache den Kühlschrank wieder auf, ich schließe ihn wieder, ich verschiebe ihn, ich schalte die Stirnlampe an, aber ich finde nichts mehr.

206.

Der Kamin ist wieder an, ich sitze hier und es ist schon wieder viel zu warm. Ich mache ein Fenster auf. Ich könnte wenigstens in Ruhe lesen, ohne zu frieren, aber ich weiß nicht, was ich lesen soll, neue Bücher habe ich nicht und die, die ich habe, habe ich schon zu oft gelesen und wiedergelesen. Ich schaue mich um, ich weiß nicht, was ich machen soll. Diese Sache, nicht zu wissen, was man machen soll, ist doch immerhin etwas, das man nutzen kann, um darüber nachzudenken, was man machen könnte, aber du kannst es drehen und wenden, wie du willst, am Ende kommst du nicht weit mit dieser Tatsache, dass du nicht weißt, was du machen oder was du lesen sollst, und darum gehe ich vielleicht ins Bett. Stattdessen sollte ich eine Runde mit dem Fahrrad machen, einen Monat und zwei Tage, ohne mit dem Heimtrainer gefahren zu sein, ist viel, jeden Tag mache ich ein Kreuz im Kalender, schau mal hier, wie viele Kreuze, heute wieder nichts, wenn ich daran denke, dass ich von fünfzehn bis zwanzig ungefähr dreitausend Kilometer pro Jahr mit dem Fahrrad gefahren bin, das war nämlich meine Obsession in jenen Jahren, mit dem Fahrrad zu fahren. Ich mache das Fenster zu und gehe in die Bar.

207.

Von der Bar hier im Dorf bin ich schließlich unten im Tal bei Rosaria gelandet. Die Autos stauten sich auf dem Parkplatz, was passiert denn da? Die Bässe der Musik durchbohren die Wände und strömen nach draußen. Drinnen herrscht Gedränge, Stroboskoplichter, eine Hitze zum Ersticken, und die Musik knallt hart, sie machen Karaoke, ich hasse Karaoke. Ich mache kehrt, bloß weg von diesem Zirkus, aber eine Hand packt mich an der Schulter und zieht mich in die Menge, ich lande neben Rosaria, die in der anderen Hand ein Mikrofon hält und hineinsingt, während sie einen Kaugummi kaut, und eine Sekunde lang glaube ich, Pfefferminzgeruch aus ihrem Mund zu riechen, aber vielleicht ist das nur ein Scherz des Gehirns, denn mir fehlt die Luft, ich schwitze, ich habe die Nachmittagstabletten nicht genommen und vorher habe ich ein Bier getrunken, vielleicht auch zwei, plötzlich sehe und höre ich alles in Zeitlupe, die Musik wird mitreißend und schwer, die Bässe heftiger, mir wird schwindlig, ich muss einen Brechreiz unterdrücken, Rosaria singt und hält sich das Mikrofon so nah an den Mund, dass sie es sich bei einem offenen Vokal fast hineinsteckt, mir kommt es vor, als stecke sie es sich bis in den Hals, sie schwingt ihre Hüften und meine mit ihren, wir kleben aneinander, ich spüre ihr Fleisch auf meinem, sie starrt mich an, als wolle sie mich hypnotisieren, aber mir brennen die Augen und ich habe Mühe, ihr Gesicht klar zu sehen, ihr schönes Gesicht, ich muss tief Luft holen, es stinkt nach Rauch nach Schweiß nach überfülltem Lokal, ich schaue mich um, die Gäste machen einen Kreis um uns, klatschen im Rhythmus der Musik mit den Händen und schauen uns an, mich und Rosaria, oh verdammte Scheiße, wie peinlich, oh diese Rosaria hier... Auf einmal nimmt sie den Kaugummi aus dem Mund und steckt ihn in meinen Mund und ich kaue ihn weiter, als ob das, sich den Kaugummi von Mund zu Mund weiterzugeben, etwas wäre, das man jeden Tag macht.

208.

Jetzt hat jemand anderes das Mikrofon in der Hand, und was sie dazu singen, verstehe ich nicht, es interessiert mich auch nicht, es zu verstehen, aber ich verstehe, dass ich unten im Keller bin mit Rosaria und dass Rosaria etwas anderes in der Hand hat, oh liebe Rosaria, uuh, meine Liebe, was hältst du davon, für mich einen schönen offenen Vokal auszusprechen, aber das sage ich ihr nicht, weil sie von alleine darauf kommt, meine schöne Rosaria.

209.

An diesem Wochenende haben mein Sohn und ich vor dem warmen Kamin geschlafen, weil mir das Heizöl erst noch geliefert werden muss, wir haben es gemacht wie beim Camping, und als wir um sechs Uhr aufgewacht sind, war es eiskalt, aber wir waren trotzdem glücklich, zusammen zu sein, und haben das Feuer angezündet, Schau mal, du machst eine Pyramide aus trockenem Kleinholz, dann legst du diesen Würfel darunter, zündest ihn an, bläst ein bisschen darauf, und sobald das Kleinholz knistert, ist es geschafft, ganz einfach, oder nicht? Ganz einfach. Am Nachmittag sind wir ins Stadion gegangen, um das Fußballspiel zu filmen, ich war sehr nervös, ich musste ständig tief Luft holen und versuchte, nicht an das leere Medi-7 zu denken, während es ihm wie immer großen Spaß machte, er wird langsam zu einem Maskottchen des Pressebereichs und der Haupttribüne des Stadions. Die Heimmannschaft hat gewonnen und so die Hinrunde als Tabellenführer beendet, als Herbstmeister.

210.

Meinen Sohn zu Besuch bei den Großeltern zu bringen war immer ein Kampf. Meine Exfrau war eifersüchtig, weil sie nur wenige Kilometer entfernt wohnten, während ihre Eltern auf der anderen Seite der Welt in Australien wohnten.

211.

Also mir ist heute etwas passiert, von dem ich einen Moment gar nicht geglaubt habe, dass mir das passiert. Ich stand in der Schlange vor der Coop-Kasse unten in der Stadt und von hinten hörte ich, Ciao, ich drehe mich um und sehe Anna, nicht die Gitarristin aus dem Stadion, sondern die, die ich jeden Dienstag in der Bar getroffen habe. Sie sagt noch einmal, Ciao, und ich, Anna!, und Küsse und Umarmungen, weil wir uns schon seit einer ganzen Weile nicht mehr gesehen haben, Wie lange haben wir uns nicht mehr gesehen?, sagt Anna zu mir, und ich sage ihr gleich, dass wir uns seit Dienstag, 15. Mai nicht mehr gesehen haben, das weiß ich noch genau, ich hatte mich wie immer am Eingang der Buchhandlung von ihr verabschiedet, denn der 18. war ein Freitag und ich habe die eheliche Wohnung für immer verlassen. Küsse und Umarmungen, wir bezahlen an der Kasse und gehen hinaus, sie hat es eilig, ihr Mann wartet auf dem Parkplatz, aber wir wechseln trotzdem ein paar schnelle Worte, während ich sie zum Auto begleite, es ist eiskalt, sie zieht sich den Jackenkragen hoch, sie redet und geht und dann passiert noch etwas, an das ich kaum geglaubt habe, Anna sagt mir nämlich, Weißt du, dass mir deine Bilder gefallen haben? Ich hatte ihr

Fotos von meinen Bildern gegeben, Kopien von Manuels Fotos, Weißt du, dass du wie Alfonso Ossorio malst?, sagt sie zu mir, und ich, Wer ist denn Alfonso Ossorio?, Einer, der malt wie Jackson Pollock, aber ein bisschen anders. Wir kommen an ihr Auto und endlich sehe ich, wer ihr Mann ist, groß, sportlich gekleidet, fester Händedruck, sicheres Auftreten. Und dann, weil es so eiskalt ist und ich nur zwei Schritte von dieser Buchhandlung entfernt bin, die mir so gut gefällt, gehe ich hinein und sage dem Mädchen von der Buchhandlung, Hast du ein Buch über Alfonso Ossorio? Und sie fragt mich, Wer? Und ich, Alfonso Ossorio, dieser Maler, der malt wie Jackson Pollock, aber ein bisschen anders. Sie sucht im Computer, Nein, nichts, vielleicht in einem Kunstband. Ich suche auf meinem Handy, lasse die Bilder laufen, verdammte Scheiße, dieser Ossorio malt wie ich.

212.

Draußen ist es dunkel, ich sitze auf diesem schwarzen Ledersessel hier am Empfang einer Bank in der Stadt, nicht die mit der Baustelle, sondern eine andere, und überwache auf dem Überwachungsmonitor zwei Arbeiter, sie polieren den Marmor und benutzen diese Maschine, die ein Geräusch macht wie ein Staubsauger mit einem Pressluft-hammer, das muss ein Höllenlärm sein. Ich sitze hier, und man hört ihn weniger, diesen Lärm. Ich sitze hier, und wenn ich will, gibt es hinter dieser Tür eine kleine Küche mit Fruchtsäften, Wasser, Kaffee undsoweiter undsofort, ich habe schon zwei Säfte getrunken, es sind die, bei denen du den Deckel in der Hand behältst und damit spielst und tick tock machst. Ich muss auch den Monitor kontrollieren, auf dem man den Haupteingang sieht, um 20.30 Uhr soll ein Kollege kommen, um einen Alarm einzuschalten, ich muss dann hinuntergehen und ihm mit einer Karte die Tür öffnen, meinem Kollegen. Ich schaue auf den Monitor und mache tick tock.

213.

Jetzt habe ich diese Sache mit Ossorio am Hals, der malt wie ich, sie geht mir nicht aus dem Kopf, beim Fahren quält sie mich, diese Sache mit Alfonso Ossorio, im Nullkommanichts bin ich oben in den Bergen und habe nicht einmal gemerkt, dass ich die ganzen Serpentinen gefahren bin, die ich beim Fahren normalerweise zähle und damit spiele, sie rückwärts zu zählen. Ich gehe ins Haus und direkt ins Internet, um auf dem großen Bildschirm des Computers nachzusehen, manche seiner Bilder sind exakt wie meine, sieh mal einer an, ich kannte ihn überhaupt nicht, aber auch wenn ich ihn überhaupt nicht kannte, diesen Ossorio, werden die Leute sagen, dass ich male wie er, dass ich ihn kopiert habe, dass ich ein Nachahmer bin, obwohl ich nicht wusste, wer er war, bis Anna mir gesagt hat, Weißt du, dass du malst wie Alfonso Ossorio? Nein, nein, nein, das hat wirklich noch gefehlt.

214.

Wegen dieser neuen Schererei, die mich gerade überrumpelt hat, rufe ich Doktor Bianchi an und er sagt zu mir, dass ich doch schon gemalt habe, bevor ich wusste, wer Alfonso Ossario war, nicht?, Ossorio, korrigiere ich ihn, Ja, Ossorio, nicht? Stimmt es oder nicht?, Stimmt was?, Dass Sie schon gemalt haben, bevor Sie von der Existenz Ossorios wussten. Es gibt Tausende Maler auf der ganzen Welt, die wohl oder übel auf die gleiche Art malen, aber das heißt deswegen nicht, dass sie sich gegenseitig kopieren, denn meiner Meinung nach könnte Alfonso Ossorio auch Jackson Pollock kopiert haben, ich sehe es gerade hier im Internet, sagt Doktor Bianchi, Aber mich regt diese Sache trotzdem fürchterlich auf, sage ich zu ihm. Doktor Bianchi sagt nichts mehr und fünf oder sechs Sekunden lang macht er nur Hmm hmm, dann redet er weiter, Wenn die Leute nicht sagen, dass Ossorio von Pollock kopiert hat, dann kann auch niemand sagen, dass Sie von Ossorio kopiert haben, und ich will ihm erwidern, was für ein Scheißgerede ist das denn, es ist doch klar, dass er in diesen fünf oder sechs Sekunden, in denen er Hmm hmm gemacht hat, nur nach einer billigen Erklärung gesucht hat, aber das sage ich ihm nicht, weil ich seinen Versuch schätze, mich zu überzeugen, vielleicht hat er ja recht und ich betreibe nur Hirnwichserei mit dieser Geschichte von Alfonso Ossorio, der malt wie ich, und dann lasse ich die Bilder auf dem Bildschirm vorbeilaufen, genau wie ich, verdammte Scheiße.

215.

Vorhin bin ich in den zweiten Stock der Bank hinaufgegangen, wo das Büro des Direktors ist, gestern war ich nicht frech genug, aber heute fühle ich mich etwas mehr zu

Hause, in diesem Klotz von einem Gebäude, und da oben ist ein Klo, das ist das Klo, wo der Direktor persönlich hingeht. Also bin ich vorhin hinaufgegangen, auf dieses Klo, und während ich auf der Schüssel saß, dachte ich, das ist das Klo des Bankdirektors, die genau gleiche Schüssel wie in einem Krankenhaus, das heißt, habe ich mir gedacht, du gehst aufs Klo, egal, ob du ein Bankdirektor bist oder ob du ein Kranker bist, egal, man geht genau gleich aufs Klo. Und dann habe ich mir diesen Bankdirektor vorzustellen versucht, im Cool-Wool-Anzug von Armani, und einen Kranken mit dem Tropf am Infusionsständer, genau gleich, dann begann ich abzuschweifen, es gab ja keine Autozeitschriften auf diesem Klo, und während ich dasaß, habe ich mir gesagt, dass scheißen wie sterben ist, für alle gleich.

216.

E-Mail an Manuela. Hey Manu, ich hatte den Computer gerade ausgeschaltet, aber ich wusste schon, dass ich ihn wieder einschalten werde, weil ich irgendwie den Eindruck habe, dich in meiner letzten Mail beleidigt zu haben, entschuldige, wenn das wirklich so war, ich brauche ein Ventil, ich bin wie ein voller Öltanker, der kurz vor der Kollision mit einem Felsen steht. An diesem Wochenende hatte ich meinen Sohn bei mir, er schien mir gezeichnet, er ist ein Kind, gerade einmal fünf Jahre alt, und er ist gezeichnet von dieser hässlichen Sache, der Trennung seiner Eltern. Heute war ich wieder beim Psychologen Flemma, er hatte vorgestern meinen Sohn zusammen mit seiner Mama getroffen. Fünf Jahre alt und er geht zum Psychologen. Mein Sohn hat mir gestern gesagt, dass er, wenn er einen

Lastwagen kommen sieht, in ihn hineinlaufen will, dann stirbt er und dann endet alles. Er sagt mir, dass es seine Schuld ist, dass Mama und ich uns getrennt haben undsoweiter undsofort, aber wenn ich dir alles aufzähle... Der Psychologe behauptet, dass meine Exfrau viel Porzellan zerschlagen hat und jetzt die Konsequenzen tragen muss, das hat er mir gesagt. Glaub mir, Manuela, könnte ich im Nichts verschwinden, ich würde es tun, ohne zweimal darüber nachzudenken. Wenn ich jetzt nicht explodiere, dann werde ich es in meinem Leben nie mehr tun, ich glaube, dass ich so abgestumpft bin, dass ich nicht weiß, ob ich überhaupt noch neue Leidenschaften empfinden kann, ich weiß nicht, ob du mich verstehst. Oft, viel zu oft, glaube ich, in einem Film zu leben, wo alles, was sich um mich dreht, reine Fiktion ist. Immer wieder wird mir klar, wäre es nicht wegen meinem Sohn, dann wäre ich längst woanders, entweder in Brasilien oder unter der Erde, was für mich inzwischen dasselbe wäre. Jetzt sehe ich zu, dass ich Schluss mache, denn sonst mache ich weiter, bis ich nicht mehr weiß, wohin das alles führt, denn wenn ich alle meine Scherereien auspacke, dann riskiere ich, dass du mir vielleicht nicht mehr schreiben willst. Entschuldige diesen Ausbruch, ich hätte lieber mit dir gesprochen, aber es ist okay so, und ich hoffe, ich höre wieder von dir, morgen oder später, wann du kannst oder willst. Ich umarme dich.

217.

Ich habe gerade eine Nachricht von ihr bekommen, in der es heißt, okay, ich kann unseren Sohn morgen am Eingang zum Kindergarten abholen, und keine Minute später habe ich eine E-Mail von Manuela bekommen, sie hat mir geschrieben, dass sie gerade das Büro verlässt, um zum Bauchtanz zu gehen, was ihr einen inneren Frieden gibt, und ich bin hier und erinnere mich an diese beiden Frauen, die mich zu unterschiedlichen Zeiten verrückt gemacht haben, die eine vor Wut und die andere vor Liebe.

218.

Ich weiß nicht, ob es für mich nicht besser ist, dass ich für eine Weile alleine bleibe, dass ich für eine Weile lieber keine Frauen in mein Leben lasse, denn hier drinnen sind jetzt nur mein Sohn und ich, wir beide brauchen Zeit und Raum, um aus diesem Schlamassel herauszukommen, aber zusammen werden wir es schaffen. Du wirst es sehen, mein Sohn, du wirst sehen, dass wir es schaffen, das verspreche ich dir. Auch wenn wirklich immer irgendwas ist, in diesem Leben.

219.

In diesem Jahr haben wir Weihnachten zwei Tage im Voraus gefeiert. Dieses Wochenende verbringst du mit mir. Wir sind hier im Haus der Großeltern. Du bist krank, hast 39 Grad Fieber. Gestern hast du fast den ganzen Tag geschlafen, du bist aufgewacht, hast ein wenig getrunken, die Großeltern haben mit dir gekuschelt und dann bist du wieder eingeschlafen. Als du heute Morgen aufgewacht bist, ging es dir schon besser, wir haben dir die Geschenke unter den Weihnachtsbaum gelegt und in einer Minute hast du sie alle aufgemacht. Erinnerst du dich? Du hast ein Gesellschaftsspiel mit Gespenstern bekommen, das hat dir deine Tante geschenkt, aber das weißt du nicht, für dich war es der Weihnachtsmann, der es dir geschenkt hat, wie auch einen King Kong, den du seit Monaten gesucht hast und den ich für dich bei Manor gefunden habe. Dann hast du ein Trikot dieser Fußballmannschaft bekommen, die wir immer filmen gehen, damit bist du jetzt ein richtiger Fan und kannst es dir anziehen, wenn du mit mir ins Stadion kommst, das Trikot hat dir Francesco geschenkt. Dann hast du den Ritter auf dem Pferd bekommen, der dir so gut gefallen hat, als wir zusammen bei Manor waren, um die Spielsachen anzuschauen, dann das Spiderman-Kostüm, das ich in einem Laden gekauft habe, wo sie nur Karnevalskostüme verkaufen, denn in diesem Jahr gehe ich mit dir zum Karneval, wenn ich kann. Und dann hast du einen schönen Mercedes mit Fernsteuerung bekommen, du hast sofort angefangen, ihn im Haus herumfahren zu lassen, du bist gegen die Möbel und die Wände und die Sessel gestoßen, wir haben sehr gelacht, den haben dir die Großeltern geschenkt, aber das weißt du nicht, für dich war es der Weihnachtsmann. So viele Geschenke hat mir der Weihnachtsmann gebracht, hast du gesagt, es sind doch viele, stimmt's?

220.

Heute Morgen hast du noch geschlafen, ich lag neben dir und habe dein schönes Gesicht betrachtet, als mein Handy klingelte. Es ist 8.04 Uhr und ich sehe auf dem Display, dass es deine Mama ist, ich antworte leise, aber du bist sowieso schon aufgewacht und hast schon alles begriffen. Sie sagt mir, Du bist zu spät, du hättest um acht hier sein sollen, ich rufe jetzt die Polizei, brüllt sie und legt auf. Okay, denke ich, die ruft ja immer wegen allem die Polizei, sie hat sie schon fünf oder sechs Mal gerufen, seitdem wir uns getrennt haben, aber zum Glück warst du in diese Dinge mit der Polizei nie verwickelt. Weißt du, neulich hatten deine Mama und ich uns auf acht geeinigt, das stimmt, wir hatten uns über unsere Anwältinnen geeinigt, deine Mama und ich reden nicht mehr miteinander, aber da du seit zwei Tagen Fieber hast und nichts isst und keinen Stuhlgang hast, habe ich ihr gestern Abend eine Nachricht geschickt und ihr alles erklärt und ihr gesagt, dass ich dich so lange schlafen lasse, wie du willst, aber sie hat mir nicht geantwortet und so habe ich dich heute Morgen schlafen lassen, wenn es nicht acht ist, dann ist es eben zehn, was macht das schon, ich bringe dich ja sowieso zurück, ich will dich doch nicht entführen. Während du aufgestanden bist, hat das Festnetztelefon geklingelt, dein Großvater ist drangegangen, er hat mir das Telefon gegeben, es war die Polizei. Ein Polizist sagt mir, er habe einen Anruf von deiner Mama bekommen, dass ich dich um acht zurückbringen sollte undsoweiter undsofort und ich sage zu ihm, Hören Sie, Herr Polizist, mein Sohn ist krank und darum etwas Ruhe, bitte. Dann, während du mit den Großeltern einen Kräutertee getrunken hast, hat deine Mama wieder angerufen, seid ihr denn jetzt losgefahren? Und ich habe ihr wieder ganz ruhig erklärt, dass wir gleich losfahren und dass ich um zehn Uhr in der Stadt zu arbeiten anfange und dass wir um halb zehn ankommen und dass ich es bei dir klingeln lasse, wenn wir vor dem Haus sind, okay? Und dann kommen wir um Viertel nach neun vor dem Haus an und da erwartet dich deine Mama, so wütend, dass sie dich aus dem Volvo zerrt, ich wollte dir wenigstens einen Kuss geben, und ihr Freund tut so, als würde er uns nicht sehen, er betrachtet oben am Himmel eine Wolke oder ein Flugzeug, das vorbeifliegt, und sie stehen da mit Koffern, wie wenn sie warten würden, dass jemand kommt und sie abholt, um in die Ferien zu fahren. Wahrscheinlich bringt dich deine Mama über Weihnachten mit ihrem Freund irgendwohin. Heute Morgen hattest du noch Fieber. Ich hoffe, sie strapazieren dich nicht zu sehr und lassen dir die Zeit und die Möglichkeit, dich zu erholen.

221.

Ich habe dich gerade auf dem Handy angerufen und du hast mit schwacher Stimme gesagt, Ciao Papi, weißt du, dass ich mit dem Zug nach Bari fahre? Also darum die Eile, die deine Mama heute Morgen hatte, weil ihr den Zug nach Bari nehmen musstet. Das hätte sie doch sagen können. Du wirst Weihnachten bei seiner Familie in Bari verbringen, denke ich, obwohl ich von ihm nichts weiß, außer dass er mit einem südlichen Akzent spricht.

222.

Ich warte immer noch darauf, dass deine Mama mir eine Nachricht schreibt, um mir zu sagen, wann ich dich am nächsten Wochenende abholen kann, dann bin nämlich ich an der Reihe, ob am Freitag, wenn ich hier in der Stadt um sechs mit der Arbeit fertig bin, oder wann sonst, ich

muss es rechtzeitig wissen, nicht wie die letzten Male, als
du und ich die Tage, die uns bis zum Wiedersehen fehlten,
rückwärts gezählt haben, und dann schickte mir deine
Mama im letzten Moment eine Nachricht und sagte, Nein,
dieses Wochenende nicht. Ich rufe dich an und du gehst
dran, aber sie nimmt dir das Handy aus der Hand, während
du mit mir sprichst, und macht es aus. Ich glaube
nicht, dass sie den Pin kennt, um es wieder einzuschalten,
ich habe es immer vergessen, ihr den Pin zu geben, ich
kann dich nicht mehr anrufen, auch nicht, um dir frohe
Weihnachten zu wünschen.

223.

Ich habe Samantha angerufen, aber niemand geht dran, sie
sind schon alle in den Ferien, heute ist Heiligabend. Dann
habe ich die Anwältin deiner Mama angerufen und die
Sekretärin ist drangegangen, sie hat mir gesagt, dass die
Marchesi schon im Urlaub ist, ich habe ihr dennoch ausrichten
lassen, was gerade am Telefon passiert ist, aber von
diesen Sachen mit den Anwältinnen weißt du nichts. Dann
habe ich eine Nachricht an Manuela geschrieben und sie
gefragt, ob ich sie anrufen kann, aber sie hat mir mit einer
Nachricht geantwortet, in der es hieß, Ich rufe dich morgen
an, okay? Vielleicht schicke ich eine E-Mail an Tiziano
und an Luana, die beiden kenne ich gut. Im letzten Jahr
waren sie hier oben bei uns in den Bergen, wir haben
zusammen Weihnachten gefeiert, erinnerst du dich? Aber
vielleicht gehe ich lieber in die Bar.

224.

Wer mir fehlt, bist du, nicht meine Freunde, und dass ich dich nicht anrufen kann, dass deine Mama dir dein Handy ausgeschaltet hat, nachdem ich dich seit sieben Monaten jeden Abend anrufe, um dir Gute Nacht zu sagen, dass ich das jetzt für vier oder fünf Tage oder vielleicht noch länger nicht tun kann. Aber das Handy deiner Mama antwortet, dass es ausgeschaltet ist, in Italien kann sie es nicht benutzen, sie hat es ausgeschaltet, aber ich schicke ihr trotzdem deinen Pin. Dann habe ich eine Nachricht an Jennifer geschickt, an eine der drei oder vier Jennifers, erinnerst du dich an sie? Sie ist die Mama von Jack, er war dein Freund und sie war die beste Freundin deiner Mama, bis vor vier Monaten. Dann haben sie sich gestritten, weil Jennifer sagte, sie solle abtreiben, deine Mama, sie sei aus Versehen schwanger geworden von ihrem neuen Freund, das sagte sie, und dann fühlte sie sich schuldig, weil sie, Jennifer, eine Geschichte mit ihm gehabt hatte, aber nicht wollte, dass aus der Geschichte etwas Ernstes wurde, denn er war als Mensch nichts Besonderes, hat sie mir gesagt, ein junger Typ der Sorte Bar und Diskothek. Jennifer hat ihn deiner Mama vorgestellt und dann haben sich dieser Kerl und deine Mama zusammengetan und sie hat mich aus der Wohnung geworfen und dann ist sie schwanger geworden. Jennifer habe ich eine Nachricht geschickt, um zu sehen, ob sie seine Nummer hat, damit ich wenigstens auch ihm die Pin-Nummer schicken kann, um dein Handy wieder in Gang zu setzen. Nach fünf Minuten klingelt mein Handy, eine unterdrückte Nummer, ich glaube, es ist Ferrari, der mich anruft, um mir einen Wachdienst zu geben, ich gehe dran, aber ich höre, Worauf willst du hinaus, du Weichei, hä?, mit diesem südlichen Akzent, hä, sagt er, worauf willst du hinaus, hä? Weichei, du bist so ein... ich lege auf. Es war der Freund deiner Mama. Ich hoffe, du warst nicht neben ihm im Zugabteil, als er mir diesen Schwachsinn sagte.

225.

Wenn ich fertig bin mit dem Wachdienst im Zentrum, zum Beispiel bei Bulgari, bei Versace oder bei Cartier, wenn ich fertig bin, ist es schon fast Abend und ich gehe in Richtung Fußballstadion, um mein Auto zu holen, und wenn ich dann in Richtung Stadion gehe, komme ich am Friedhof vorbei, und wenn ich am Friedhof vorbeikomme, gehe ich nachsehen, wer in der Leichenhalle der Kapelle liegt.

226.

Es ist Abend. Ich habe dich angerufen, aber deine Mama wollte dir dein Handy nicht wieder einschalten. Gute Nacht. Ich hoffe, dass dein Fieber vorbei ist.

227.

Heute ist Weihnachten. Frohe Weihnachten. Ich bin früh aufgewacht und habe ganz fest an dich gedacht, denn vielleicht bist du auch schon wach, um unten in Bari die Geschenke auszupacken. Ich tue so, als wäre das ein Tag wie viele andere. Nachdem ich mir Kaffee gemacht habe,

habe ich begonnen, das Haus aufzuräumen, wo immer Chaos herrscht. Ich weiß nicht warum, aber es reicht, dass ich ein paar Tage nicht aufpasse, und wenn ich aufwache, liegt überall etwas herum, meine Kleider, Zeitungen und Bücher, deine Spiele und auch die Einkaufstaschen voller Altpapier. Als Erstes habe ich die Küche geputzt und aufgeräumt, dann das Klo, und wenn Küche und Klo sauber sind, kann der Rest auch unordentlich bleiben, das macht keinen Unterschied. Ich habe den Rucksack geleert und drinnen war dein Mercedes mit Fernsteuerung, den ich nicht in die Wohnung in der Stadt bringen wollte, wenn du hier oben in den Bergen bist, können wir ihn auf dem Parkplatz vor dem Sessellift fahren lassen. Ich stelle ihn hier auf den Tisch und schließe ihn zum Aufladen an.

228.

Zuerst bin ich nachschauen gegangen, wie viele Leute auf die Skipisten wollen, das werden nur ein paar Hansel sein, wer geht denn schon an Weihnachten Skifahren. Aber es waren so viele, dass man auf den Parkplätzen nicht vorankam, ein Stau, alle werden sich dasselbe gedacht haben, gehen wir heute, heute wird niemand da sein. Diese junge Familie war gerade aus dem Auto gestiegen, der Papa hatte mit zwei Handgriffen drei Paar Skier aus dem Kofferraum geholt und zog sich jetzt die Skischuhe an, während die junge Mama ihren Sohn an einem Arm herauszog, fünf oder sechs Jahre alt, er schrie, Ich will nicht Ski fahren, ich will nicht, Dann bleibst du lieber alleine hier, he? willst du alleine hierbleiben?, sagte die kleine Mama, Los komm, ich ziehe dir die Schuhe an, sagte der junge Papa, los, sonst wird es hier noch Abend, los, zieh du deine auch an, sagte er zu seiner kleinen Frau, dann sind wir fertig und dann muss er selber schauen... Willst du hierbleiben oder willst du mitkommen? Schau mal, wir sind fast fertig, lass es dir nicht noch einmal sagen... und bla, bla, bla, ich bin weitergegangen und hörte sie noch eine Weile im Weggehen, der Kleine, der gerne zu Hause geblieben wäre, um mit den Spielen zu spielen, die er gerade ausgepackt hatte. Und die Leute strömten zum Sessellift und fuhren hinauf und verschwanden dort oben, wo wir im letzten Jahr mit dem Bob gefahren sind, sobald du in die Berge kommst, fahren wir wieder hoch. Aber ich muss dir Skihosen kaufen, denn im letzten Jahr kam dir überall Schnee rein und dir war kalt und du hattest gar keinen richtigen Spaß, erinnerst du dich? Dann müssen wir uns früher oder später auch einen neuen Bob kaufen, weil der, den wir haben, weißt du, der rote, der ist alt und kaputt, den habe ich vor vielleicht dreißig Jahren zu Weihnachten bekommen, also wenn ich dich das nächste Mal abhole, halte ich an diesem Sportgeschäft, beim letzten Mal habe ich dort nämlich schöne Hosen gesehen und einen schönen Bob mit Steuerrad und dann kaufe ich dir auch noch einen Helm, es ist nämlich nicht mehr so wie damals, als ich Kind war, als man Ski gefahren ist mit Jeans und einer Wollmütze, und dann blöken die Schafe von Angelo, als ich an ihrem Zaun vorbeigehe, sie wollen trockenes Brot.

229.

Danach habe ich für den Rest des Tages gelesen, ich habe zwei oder drei Bilder mit Ölkreide gemalt und ich habe gedöst. Das ist alles, was ich bis jetzt gemacht habe, jetzt ist es fast vier und draußen wird es schon dunkel, ich mache ein paar Schritte, dann gehe ich in die Bar, um zu sehen, wer dort ist, sicher ist Angelo dort, der Scopa spielt, und Silvio, dem du gerne zuhörst, wenn er seine Volkslieder singt. Aber es war niemand in der Bar, die Barista Eurosia und ich haben uns frohe Weihnachten gewünscht, sie hat mir ein Bier ausgegeben, wir haben uns ein wenig Gesellschaft geleistet, sie hat sich neben mich gesetzt und geseufzt, auch ich habe geseufzt und ihren Geruch eingeatmet, sie roch nach Schweiß und Spülmittel, da bekam ich Lust auf eine andere Art von Gesellschaft und bin zur Posta hinuntergefahren, wo Rosaria einen Zettel an die Tür gehängt hat, Heute geschlossen, frohe Weihnachten. Ich habe sie angerufen, aber ihr Handy war aus, ich habe ihr eine Nachricht hinterlassen. Dann habe ich noch einmal versucht, dich anzurufen, aber dein Handy ist immer noch ausgeschaltet und auch das deiner Mama ist ausgeschaltet, ich glaube, wir können nicht miteinander sprechen, bis du zurückkommst, und dann bin ich wieder ins Dorf hinaufgefahren und habe mich in meiner Hütte eingeschlossen.

230.

Denk dran, dass du zu Weihnachten auch Geld bekommen hast, sobald wir uns sehen, gehen wir zu Manor und du kannst es ausgeben, für was du willst. Du hast mir ja schon gesagt, dass du dir den Baby King Kong kaufen willst und noch einen Ritter und ein Buch über Burgen. Gute Nacht, mein Sohn. Ich würde dir so gerne am Telefon eine Geschichte erzählen. Es war einmal ein wunderschöner

Drache, der flog hoch am Himmel auf der Suche nach einem neuen Freund. Er fliegt gerade über eine Stadt und sieht ein wunderschönes Kind, das im Park in einem Viertel am See mit seinem neuen Mercedes mit Fernsteuerung spielt. Da fliegt der Drache schnell im Sturzflug hinunter, landet leise neben dem wunderschönen Kind und sagt zu ihm, Ciao, schönes Kind, willst du mein bester Freund sein? Das wunderschöne Kind lässt sich das nicht zweimal sagen, nimmt seinen Mercedes unter den Arm und steigt auf den Rücken des wunderschönen Drachens und die beiden fliegen hoch in den Himmel und fliegen und fliegen und sie sehen die Wüste und sie sehen die Savanne und sie sehen die Vulkane und die Ozeane und dann kehren sie nach Hause zurück und der Drache legt ein todmüdes Kind ins Bett und gibt ihm einen dicken Gutenachtkuss.

231.

Dann hat mich Manuela angerufen und wir haben lange miteinander gesprochen, sie hat mir gesagt, ich soll dir einen dicken Kuss von ihr geben, sobald ich dich das nächste Mal höre oder sehe, und dass sie mit ein paar Freundinnen nach Sevilla fährt, um dort Silvester zu feiern. Und dann habe ich deine Nummer gewählt und sie hat funktioniert, du bist drangegangen, mit einer schwachen Stimme, ich kenne sie, diese Stimme, wenn du nicht allzu glücklich bist, und du hast mir gesagt, dass du nur ein Spiel bekommen hast und den ganzen Tag in Bari herumgelaufen bist, und dann habe ich dich gefragt, ob ich dir eine Geschichte erzählen soll, und du hast Ja gesagt und ich habe dir die vom Drachen erzählt, und du wolltest, dass der

Drache auch noch hier zu mir in die Berge fliegt und ich auf seinen Rücken steige und auf dem Rücken bist du und hast eine Überraschung für mich.

232.

Ich bin früh aufgewacht hier in der Hütte und habe eine Nachricht von Francesco bekommen, der schreibt, Ciao Mister, Grüße aus Afrika, und er fragt mich, ob dir das Fußballtrikot gefallen hat, und ich frage zurück, Wo denn in Afrika? Die Leute sagen schnell, ich bin nach Afrika gefahren, aber sie sagen ja auch nicht, ich bin nach Europa gefahren, sondern sie sagen, ich bin nach Paris gefahren oder ich bin nach Barcelona gefahren, und dann habe ich ihm geschrieben, dass du vom Trikot begeistert bist, obwohl es zu groß ist, vielleicht wusste der Weihnachtsmann die Größe nicht, aber das macht ja nichts.

233.

Und dann stand ich da mit der offenen Kaffeedose in der Hand, atmete den Duft ein und wartete, bis der Kaffee hochkam, und als der Kaffee hochkam und mich das T-Shirt an der Schulter nervte wie ein Tier, das sich an mich klammert, und ich das T-Shirt ausziehen musste, bekam ich eine E-Mail von einer Kunstgalerie in der Deutschschweiz, ich hatte ihnen gestern Abend die Fotos von einigen meiner Bilder geschickt und sie schickten mir schon eine Antwort, einen Standardbrief, der vielleicht sogar automatisch losgeschickt worden war, mit viel Lob und einem schönen Vertrag zum Lesen und zum Unterschreiben, und sie bitten mich, einen Betrag zu bezahlen undsoweiter undsofort und da habe ich ihnen geantwortet, Nein danke, schöne Feiertage, und habe ihren Namen durchgestrichen.

234.

Nach dem Kaffee habe ich mich angezogen und einen Spaziergang gemacht. Oben an der Talstation des Sessellifts war ein reges Kommen und Gehen von Leuten, alle sehr gut ausgerüstet, Skier und Snowboards und Skianzüge, alles so bunt und nagelneu, dass ich sofort diese Kopfschmerzen bekommen habe, die gleichen wie die letzten Male, als ich vor etwa zehn Jahren Ski fahren gegangen bin und mich dieses Zurschaustellen wie auf dem Laufsteg einer Modeschau so sehr nervte, dass ich in den letzten Saisons, wenn ich Ski fahren war, immer für mich allein mit Steigfellen unterwegs war.

235.

Vorhin habe ich eine schöne Internetseite über Orchideen gefunden und etwas Neues gelernt, etwas, das mir noch fehlte zur Pflege meiner Orchideen in den Monaten, wenn ich die Heizung und den Kamin anhabe, was die Luft austrocknet. Ich brauchte Blähton, ich habe einen Sack davon im Keller, ich musste die Kügelchen in den Untertopf geben, so, eine Handvoll in jeden Untertopf. Und in den Untertopf musste ich Wasser geben, so, ein bisschen Wasser in jeden Untertopf, dann verdampft das Wasser und befeuchtet die Wurzeln, denn die Wurzeln der Orchideen sind wie Schwämme, sie saugen die Feuchtigkeit auf. Das wusste ich schon, aber dann habe ich noch gelesen, ich solle alle Pflanzen, die ich habe, ganz dicht zusammenstellen, um ein Mikroklima zu erzeugen. Jetzt stehen alle meine Orchideen so dicht beieinander mit dem Blähton in den Untertöpfen voller Wasser, wie ich es auf dieser Internetseite gelesen habe, und ich betrachte sie und sehe einen kleinen Wald lächelnder Orchideen.

236.

Ich bin bei Paola vorbeigegangen, sie ging nicht mehr ans Telefon, meiner Meinung nach hatte sie meine Nummer blockiert, also bin ich vorbeigegangen. Sie lag auf dem Sofa mit zwei Kissen unter den Füßen, Meine Knöchel sind geschwollen, es tut weh beim Gehen, sie können mir nicht sagen, was mit mir los ist, schau nur, das wünsche ich niemandem, ich würde lieber... 250, sage ich zu ihr, du schuldest mir noch 250 Franken, lass uns das zu Ende bringen und dann Gute Nacht dir und deinen geschwollenen Knöcheln, aber das habe ich ihr nicht gesagt, Los, Paola, sag mir nicht, dass du keine 250 Franken im Haus hast, ansonsten nehme ich mir etwas, ich schaue mich um, Bilder, Amphoren, Teppiche, Stereoanlage, genau, wenn du kein Geld hast, nehme ich diesen Verstärker mit. Meinetwegen kannst du ihn mitnehmen, so wenig wie ich ihn benutze, aber er gehört meinem Mann, nein, warte, geh zum Schreibtisch und mach die Schublade auf, ich mit diesen Knöcheln... ich zähle sie ihr vor ihrer Nase ab.

237.

Ich habe dich gerade angerufen, du gehst nicht dran, du wirst in Bari unterwegs sein. Dann habe ich es später wieder probiert und du warst da und ich habe dir vom Dokumentarfilm mit den Gorillas aus dem Kongo erzählt, den ich gerade im Fernsehen gesehen habe, und du warst neugierig und wolltest mehr wissen und da habe ich dir gesagt, dass ich ihn im Internet suchen und die Adresse des Dokumentarfilms speichern werde, um ihn das nächste Mal, wenn du in die Berge kommst, mit dir zusammen anzuschauen, und du hast mich gefragt, Wie viele Dinge kann man denn im Internet anschauen?, und ich habe dir geantwortet, dass man im Internet alles findet, alle Dokumentarfilme und alle Trickfilme, und du hast gesagt, So groß ist das Internet, ist es so groß wie die Sonne?

238.

Ich bin gerade in der Hütte angekommen, es ist fast neun Uhr abends, heute hatte ich achteinhalb Stunden Wachdienst in der Cartier-Boutique und diese achteinhalb Stunden waren so lang, sie gingen einfach nicht vorbei, es kam niemand herein, nur zwei oder drei, um sich in aller Stille die Vitrinen anzuschauen, die Hände auf dem Rücken verschränkt, wie das ein Tourist macht, der eine Kirche betritt, und andere kamen mit einer Uhr, um das Armband aus Krokodilleder austauschen zu lassen, Schauen Sie mal, sagten sie zu der sehr eleganten Verkäuferin, die wie eine Stewardess gekleidet war, das hat sich schneller abgenutzt als das vom letzten Jahr, sagten sie, die Armbänder sind nicht mehr wie früher, na dann, ich glaube, ich gehe direkt ins Bett, denn morgen muss ich früh aufstehen, ich muss den Wecker auf fünf stellen, um sieben beginne ich einen Wachdienst bei einer Bank, sie zieht um, diese Bank, auch die, wie die andere, da ist immer ein Hin und Her von Banken unten in der Stadt. Vorher habe ich dich während der Heimfahrt angerufen und du warst glücklich, du hast mir erzählt, dass du morgen vielleicht nach Hause zurückfährst und nicht erst am Samstag, wie mir deine Mama neulich in einer Nachricht geschrieben hat. Weißt du, inzwischen gewöhne ich mich an Überraschungen in letzter Minute, wenn es also so ist, dann komme ich morgen, wenn mein Wachdienst zu Ende ist, und hole dich ab, dann verbringen wir das Wochenende hier in den Bergen und fahren Bob und dann schaue ich hinaus und der Himmel ist voller Sterne.

239.

Heute Abend in der Friedhofskapelle war dieser ganz magere alte Mann mit einer Gesichtsfarbe, die mich an den Mann erinnerte, den ich gekannt hatte, der an einem Lebertumor gestorben war, und darum dachte ich, dass auch der hier an einem Lebertumor gestorben ist und dass sie womöglich auch ihm gesagt hatten, Schauen Sie, es tut uns leid, Sie haben noch sechs Monate zu leben, und da begann sein Körper zu verfallen, bis nichts mehr von ihm übrig war als ein Hauch eiskalter Luft.

240.

Ich bin gerade wieder nach Hause gekommen, es ist neun Uhr, aber morgens. Ich bin um fünf aufgewacht und um sieben war ich unten in der Stadt, habe bei dieser Bank geklingelt, bei der ich Wachdienst machen sollte, jemand antwortet mir und meint, Ich weiß nichts von einem Wachdienst, aber ich lass dich trotzdem herein, bleib nicht draußen in der Kälte, geh hinauf in den dritten Stock, sagt er zu mir. Und also gehe ich hinein und hinauf und diskutiere mit diesem Typen und dann rufe ich Ferrari an. Ja, warte, lass mich nachsehen, sagt er mir, schauen wir mal… Ah ja, platzt er heraus nach fünf oder sechs Sekunden Stille, in denen er so getan hat, als würde er etwas suchen, dabei wusste er ganz genau, dass er nur vergessen hatte, es mir zu sagen, ich kenne ihn inzwischen gut, den Ferrari, immer den Hintern im Warmen dieser junge Typ mit dreckigem Atem, was isst der denn, dass er diesen Mundgeruch bekommt, oder hat er Zähne voller Karies, mir kommt es so vor, als würde ich den Gestank durch das Telefon riechen, aber das ist nur die Erinnerung, ein übler Scherz des Gehirns. Hier steht, dass dein Wachdienst gestrichen wurde, aber wir zahlen dir trotzdem anderthalb Stunden, Entschuldige Ciao, sagt er in einem Zug und legt auf, ohne mir die Zeit zu geben, etwas zu sagen, aber ich habe diesen Idioten von der Sicherheitsagentur sowieso nichts mehr zu sagen. Also los, fahr zurück, es ist ja nicht das erste Mal, dass ich früh aufstehe, mich auf den Weg mache und zu einem Wachdienst fahre, der dann gestrichen wird.

241.

Ich frühstücke wie ein Champion, Bier und Kartoffelchips, wie wenn man die Champions League schaut, denn die von der Sicherheitsagentur haben mich richtig aufgeregt, aber sie arbeiten jetzt und ich nicht, ich habe den ganzen freien Tag vor mir, und wenn ich aus dem Fenster schaue, sehe ich, dass die Sonne gerade erst aufgegangen ist und dass die Autos immer noch vorbeifahren mit denen, die zum Skifahren gehen, und vom anderen Fenster aus sehe ich, dass unser schönes Gärtchen daliegt, wie ein Foto, schön auf Pause, so wie ich es vor einem Monat hinterlassen habe, nur die Vögel lockern das Bild auf, wenn sie sich auf die Futterkugeln setzen, die ich an die Schnüre der Pergola gehängt habe.

242.

Unten auf der Straße kommt die Briefträgerin, ich hoffe, sie hat nichts für mich. Wenn du hoffst, nichts in der Post zu finden, dann heißt das, dass du keine guten Zeiten durchmachst und Angst hast, irgendeine Mahnung zu bekommen, oder schlimmer, einen Pfändungsbescheid, doch sie kommt an die Tür, ich gehe hinaus, um sie zu begrüßen, und sie händigt mir einen Brief aus, er ist vom Planungsbüro der Agentur, sie haben mich für den Januar bei Cartier eingeteilt, das ist ein Ort, wenn ich da drinnen den ganzen Tag stehen muss, dann würde ich lieber klauen gehen, aber so kommt im Januar wenigstens etwas Geld herein, denn die vergangenen Monate November und Dezember waren wirklich dürftig und ich muss noch verschiedene offene Rechnungen bezahlen. Im Radio läuft dieses Lied von Antonello Venditti, ich schalte das Radio aus und lege eine CD von Green Day ein, erinnerst du dich? Du hast auf dem Markt unten im Tal einen Anstecker von Green Day gekauft und hast ihn dir an die Jacke gesteckt, und dann habe ich dir im Auto vorgespielt, wer Green Day sind, eine Musik, wie es sich gehört, schön fröhlich, ein paar Worte hast du nach und nach herausbekommen und nun lernst du langsam ihre Lieder.

243.

Die Kartoffelchips kann ich gar nicht alle aufessen, das ist eine Packung mit 350 Gramm, und jetzt kommt eine herrliche Sonne durch die Fenster herein. Ich gehe in die Bar.

244.

Mein Handy hat mich geweckt, um 5.13 Uhr, deine Mama hat mir eine Nachricht geschickt, um mir zu sagen, dass ich dich um zwölf Uhr abholen kann. Es ist neun und ich mache mir gerade einen Kaffee, ich habe das Radio eingeschaltet, Gianna Nannini läuft, aber ich lasse sie ruhig singen, ich habe die Fenster offen, damit die wunderschöne Sonne und die schöne frische Luft hereinkönnen, es fahren immer noch eine Menge Autos vorbei, die Leute gehen Ski fahren, es ist bereits ein schöner Tag. Als ich dich um zwölf Uhr abgeholt habe, hast du mich umarmt und dann sind wir direkt zu Manor gefahren, du wolltest das Geld ausgeben, das du zu Weihnachten bekommen hast. Du hast dir Plastiktiere gekauft, die von dieser deutschen Marke, du hast schon an die fünfzig von diesen Tieren. Ich habe dich gefragt, wie Bari ist, und du hast mir gesagt, die Leute sind ganz aufgeregt und sprechen laut.

245.

Es ist fast vier Uhr, wir sind gerade oben in die Hütte zurückgekommen, du hast dich in den Sessel gesetzt und bist gleich wieder eingeschlafen. Du hast schon im Auto geschlafen, du hattest mir gesagt, dass du im Zug nicht schlafen konntest, weil da so ein Lärm war, obwohl du nachts gefahren bist, und als du heute Morgen angekommen bist, ging gerade die Sonne auf. Ich habe eine Pyramide aus trockenem Kleinholz gemacht und das Feuer im Kamin angezündet, so leistet dir seine Wärme und sein Prasseln beim Schlafen Gesellschaft.

246.

Gutes neues Jahr. Heute ist Neujahr und ich bin gerade aufgewacht. Ich bin heute Morgen um halb sieben ins Bett gegangen, ich habe gearbeitet, musste Einlasskontrolle machen in einem Nachtclub unten in der Stadt, es gab ein Silvester-Menü, Kunden und Hostessen, Musik und Tanz. Ich war drinnen und draußen im Einsatz, draußen eine große Kälte und drinnen plauderte ich ein wenig mit den Kellnern, ab und zu habe ich in den großen Saal gespäht und Dinge gesehen, aber ich will dir hier nicht erzählen, was ich in diesem Nachtclub gesehen habe.

247.

Gestern hatte ich dich um zehn Uhr vormittags wieder nach Hause gebracht, deine Mama wollte uns nicht bis um sieben Uhr abends zusammen lassen, da ich um acht mit meiner Arbeit in diesem Nachtclub anfangen musste. Ich habe dich um Punkt zehn zurückgebracht und wir sind bis zum letzten Moment zusammen im Volvo geblieben, der um die Ecke geparkt war, und haben uns Geschichten von Kriegern erzählt. Dann bin ich zu den Großeltern gefahren, um etwas zu dösen, damit ich nicht wieder in die Berge hinauffahren musste, denn im Auto hin- und herrasen, da vergeht mir nach einer Weile auch die Lust am Fahren.

248.

Vorgestern, es war Sonntag und der letzte Tag im Jahr, haben wir den ganzen Tag hier in der Hütte gespielt, wir sind auch zum Parkplatz am Sessellift gegangen, um das Auto mit Fernsteuerung fahren zu lassen, und du hast sofort gelernt, wie es sich um die eigene Achse dreht, Schau mal, so macht man das, hast du zu mir gesagt, du verschiebst die beiden Hebel ganz schnell, einen da hin und den anderen zurück, beide gleichzeitig, du hast es mir gezeigt und ich habe es versucht, aber du kannst es besser. Dann haben wir beide angefangen, Grimassen zu schneiden, wie jemand, der extrem friert, dann sind wir nach Hause zurückgegangen, aber zuerst wolltest du noch Retos Esel streicheln, die ein feuchtes, stinkendes Fell hatten, und als wir nach Hause zurückkamen, hatten wir so kalte Hände, dass wir sie unters warme Wasser hielten, auch um den Gestank loszuwerden, dann haben wir unter den Decken ein Buch gelesen und dann hat deine Mama eine Nachricht geschickt und mir gesagt, dass ich dich um zehn zurückbringen soll, du bist wütend geworden, weil wir uns dann fast zwei Wochen nicht mehr sehen, aber dann hast du dich wieder beruhigt und mir ins Ohr gesagt, Denken wir nicht dran, dann vergehen die Tage schneller.

249.

Ich habe gerade eine Nachricht an deine Mama geschrieben, weil du mir am Telefon gesagt hast, dass du die Tasche mit dem Spiderman-Kostüm, dem Trikot der Fußballmannschaft und den anderen Dingen nicht mehr findest, den ganzen Weihnachtsgeschenken, die du von mir bekommen hast.

250.

Heute Morgen aufstehen um halb acht, um zu Cartier zu fahren, ich muss von zehn bis halb sieben Wachdienst machen, dann abschließen und den Alarm scharfstellen, dann muss ich die Schlüssel in die Zentrale zurückbringen, und wenn ich dann zu Fuß zu den Parkplätzen am Stadion gehe und zurück in die Berge fahre, dann vergehen zwei Stunden, und bis ich wieder hier oben ankomme, wird es ungefähr halb neun sein. Ich stehe auf und fahre los und komme an, parke mein Auto am Stadion, weißt du, auf diesen Parkplätzen, wo du auch schon gewesen bist, um mit mir die Fußballspiele zu filmen, aber dieses Mal fahre ich mit dem Bus ins Zentrum, ich habe keine Fahrkarte gekauft, es ist gut gegangen, ich gehe in der Zentrale vorbei, um das Funkgerät und die Schlüssel abzuholen, es ist halb zehn, dann gehe ich in Richtung Cartier, bleibe bei meiner Lieblingsbuchhandlung stehen und kaufe ein Buch über zeitgenössischen abstrakten Expressionismus, und als ich zahle, bekomme ich einen Anruf, Ciao, hier ist Ferrari, hör mal, heute kein Cartier, entschuldige, sie haben mich gerade erst angerufen, undsoweiter undsofort, und er hatte noch nicht zu Ende gelabert, da war ich schon im Laufschritt gestartet, drei Häuserblocks mit gesenktem Kopf, ich gehe hinauf und sage ihm meine Meinung, diesem Ferrari, dass ich langsam wirklich die Schnauze voll habe von diesem Kram, von Schichten, die im letzten Moment abgesagt werden, Ich wohne ja nicht um die Ecke, brülle ich ihn an und er schaut mich an, erschrocken, Entschuldige, sagt er zu mir, Nein, entschuldige du, sage ich und gehe zum Parkplatz. Ich würde dich gerne sehen, du bist ja nur einen Kilometer von hier. Ich nehme das Auto und fahre nach Hause und mache den ganzen Tag nichts als lesen, spazieren und dösen.

251.

Ich rufe dich an und du sagst mir, dass deine Mama dir die Weihnachtsgeschenke noch nicht gegeben hat. Ich hole tief Luft, und als ich relativ ruhig bin, sage ich dir, dass du sie danach fragen sollst, und sie regt sich über dich auf, nimmt dir das Handy weg und dann regt sie sich über mich auf. Ich drücke sie weg. Ich warte zehn Minuten, dann rufe ich dich noch einmal an und wünsche dir Gute Nacht.

252.

Ich bin um vier Uhr aufgewacht. Draußen schneit es. Ich rufe die Zentrale an, Ciao, sage ich, ich bin krank heute, Erbrechen und Fieber, ich lege auf und schaue aus dem Fenster. Was für eine Stille. Was für ein Frieden. Sie werden einen finden, der mich ersetzt. Später rufe ich noch einmal in der Zentrale an und sage Ferrari, dass mein Arzt mir gerade gesagt hat, ich solle ein paar Tage zu Hause bleiben, ich hätte mir den Virus geholt, der gerade herumgeht, gestern Abend haben sie im Fernsehen darüber gesprochen, Hast du gestern Abend die Nachrichten gesehen? Es ist ein Virus, der in den Sechzigerjahren in den USA entdeckt wurde, die Symptome sind Erbrechen, Durchfall, Fieber und Müdigkeit, genau wie bei mir. Und es interessiert mich nicht, dass die von der Agentur vielleicht denken, dass ich mich krankmelde, weil es schneit und ich nicht auf der Straße unterwegs sein will. Ich muss lächeln, es ist ein etwas schiefes Lächeln, keines, wie Doktor Bianchi es will, sondern ein Lächeln, das perfekt zu dieser Situation passt.

253.

Doktor Bianchi sehe ich immer weniger und mein Medi-7 wird immer leerer, Wir fahren es immer weiter herunter, sagte er das letzte Mal, wir fahren es herunter und dann wirst du sehen, wenn es leer ist und wir keine Tabletten mehr einfüllen müssen, dann kannst du es auch wegwerfen, das Medi-7. Dinge wegwerfen tut gut, das ist wie eine Seite umblättern, eine konkrete Handlung, eine Aktion, die ein Ende und einen Anfang markiert. Aber inzwischen bin ich hier und ich bekomme schon Angst, wenn ich sehe, dass das Fach für den Abend leer ist, hätte er nicht wenigstens eines dieser Bonbons hineinlegen können?

254.

Ich schicke Manuela eine Nachricht, Ciao, bist du zurück aus Sevilla? Dann ruft Ferrari an und sagt mir, Ich habe dich für die nächsten Tage freigestellt, du musst mir nur ein Arztzeugnis schicken. Es beginnt so stark zu schneien, dass ich das Auto hier unter dem Fenster kaum noch sehe, aber wenigstens für die nächsten Tage brauche ich ihn ja nicht, den Volvo. Dann hat mir Manuela geantwortet, Ciao, ich war in einer Sitzung, ach, die Rückkehr zur Arbeit ist immer traumatisch, gutes neues Jahr, wie geht es dir?, hier das Übliche, etwas gedämpft, es schneit. Gedämpft, sie, die gerade aus den Ferien mit den Freundinnen zurückgekommen ist...

255.

Gestern Abend habe ich dich nicht angerufen, weil ich dieses schöne Buch gelesen habe und eingeschlafen bin, und als ich dann aufwachte, weil ich so großen Hunger hatte, war es schon fast 23 Uhr. Ich habe die Reste aufgegessen, die ich noch im Kühlschrank hatte, dann bin ich hinausgegangen, um spazieren zu gehen im Schnee, in der Dunkelheit, in der Stille. Silvester in Sevilla, vergiss es, sagte ich mir, als ich an Angelos Stall vorbeiging und den starken

Geruch seiner Schafe einatmete. Stadt und Wachdienst und Polizisten und Anwälte und Scherereien, vergiss es, sagte ich mir, als ich die Brücke überquerte und zur kleinen Kirche hinter den zugeschneiten Wiesen ging. Vergiss es …

256.

Heute Morgen bin ich aufgewacht und draußen schneit es weiter. Ich habe dich angerufen, aber dein Handy ist aus. Ich musste deiner Mutter eine Nachricht schicken, damit sie es dir wieder einschaltet.

257.

Gestern musste ich Wachdienst in einem Hotel in der Stadt machen, aber als ich um sieben vor Ort war, sagte mir der Typ vom Empfang, Ich weiß nichts von einem Wachdienst für heute. Schon wieder! Schon wieder!, raste ich vor diesem Typen aus, was kann denn der arme Kerl schon wissen, er macht einen Satz zurück und behält mich im Auge, wie man einen Hund im Auge behält, der einen anbellt. Ich rufe die Zentrale an, Ferrari antwortet mir, Ja, hör zu, der Wachdienst wurde gestrichen, entschuldige, sagt er zu mir, und ich sage ihm noch einmal meine Meinung, wie schon neulich, und dann lege ich auf, wenn ich ihn jetzt zwischen den Fingern hätte, diesen Schwachkopf von einem Ferrari, Er kann mir leicht sagen, der Wachdienst wurde gestrichen, sage ich zu dem am Empfang, für ihn ändert sich ja nichts, er macht brav seine Acht-Stunden-Schicht, den Hintern im Warmen, ich möchte wirklich mal sehen, ob mein Wachdienst gestrichen wurde oder ob er gar nicht geplant war, ich glaube Letzteres... Dann Aufbruch und Rückkehr zu Fuß zum Parkplatz oben am Stadion. Ich halte an der Friedhofskapelle an, da ist diese Frau, gar nicht mal so alt, normalerweise sehe ich hier nur alte Leute, aber eine Frau heute Morgen war vielleicht fünfzig Jahre alt, sie sah zufrieden, fast glücklich aus, man sah, sie trägt eine Perücke, was mich an eine Freundin denken lässt, die nach langem Leiden an einem Tumor gestorben ist. Am Ende war sie vielleicht glücklich, gehen zu können, sie scheint beinahe zu lächeln. Ich schaue sie an, mir wird leichter. Worüber verzweifeln wir hier denn eigentlich?

258.

Ich war hier in den Bergen, es schneite und schneite, ich habe eine Woche lang nicht gearbeitet und angefangen, Bücher noch einmal zu lesen, aber als ich sie dann fertig hatte, fühlte ich eine Leere in mir, die ich zu füllen versuchte, indem ich im Internet Interviews und Rezensionen von den Schriftstellern las, die mir gut gefallen, aber weißt du, mehrere Tage hier in der Hütte bleiben und lesen, da könnte man verrückt werden, und das ist mir beinahe passiert, darum bin ich hinausgegangen und habe einen langen Spaziergang gemacht, was für ein Frieden, was für eine Stille, ich bin niemandem begegnet, auch weil ich zuerst auf einem Weg nach oben ging und dann plötzlich den Impuls hatte, hinunter ins Tal zu fahren und Acrylfarbe und Pinsel und Packpapier zu kaufen, um zu malen, denn ich habe seit fast zwei Jahren nicht mehr gemalt.

259.

Heute arbeite ich nicht und heute Abend um sechs komme ich dich abholen. Ich gehe barfuß durchs Haus, ungeduldig, dich hier zu haben. Die Terracottafliesen sind eiskalt. Ich schaue mich um. Alle Dinge, die ich vorher in der Wohnung in der Stadt hatte, sind nun hier oben in der Hütte. Die Matratze liegt vor dem Kamin, ich zünde ihn an und ziehe mir ein Paar Wollsocken an. Der Heimtrainer steht oben im Schlafzimmer der Großeltern, meine Bilder sind alle im anderen Schlafzimmer und überall verteilt Kleider, Kartons voll mit großen und kleinen Dingen, die Temperafarben und die Pinsel und die Buntstifte auf dem Tisch, ein zusammengerollter Teppich in der Ecke, einige Taschen mit Schuhen, Bücher aufgestapelt auf dem Boden oder wahllos verstreut, Einkaufstaschen voller Altpapier und ein paar Jacken auf den Sessel geworfen. Hier sind die leeren Druckerpatronen, die ich immer vergesse zur Entsorgung in den Laden zurückzubringen, wer weiß, was sie damit machen, ich glaube, sie werfen sie in den Müll. In einer Schachtel kommt sogar die Leine von Blue zum Vorschein, ich hänge sie an einen Haken, der aus einem Balken auf dem Dachboden herausragt, ich schubse sie an und sehe sie baumeln. Bei Coop hatte ich eine Rolle mit zehn Abfallsäcken zu 110 Liter gekauft, in einer halben Stunde werfe ich alles Mögliche hinein, vor allem alles, was mich an deine Mama erinnert, aber die Fotos behalte ich, es sind Fotos, die auf Glanzpapier ausgedruckt sind, hier in den Bergen habe ich viele davon, ich lege sie in eine Schachtel, eines Tages gebe ich sie dir, dann siehst du sie und mich in Australien in der Stadt in der Wüste und am Strand mit Freunden, auf einem Foto sind wir zwei in unserer kleinen

Wohnung, das wird ein Selbstauslöser gewesen sein, wir sitzen auf zwei Holzstühlen, einer anders als der andere, wir hatten sie auf Flohmärkten geholt, wir haben alles auf diesen Märkten gekauft, vor allem Bücher und CDs, deine Mama ist in dem Moment aufgenommen, als sie sich ihre langen Haare zusammenbindet, in einer Hand hält sie eine Holzspange, an den Fingern trägt sie Ringe mit dicken bunten Steinen, ich zähle sieben Ringe, sie trägt ein weißes T-Shirt und Blue Jeans, sie folgt mir mit dem Blick, während ich mich auf den Stuhl setze, im Hintergrund sieht man den Schreibtisch voller Blätter und Bücher und Ordner und einen Computerbildschirm und an der Wand hängen Filmplakate, Fargo und Magnolia, und ein gerahmtes Ölpastellbild von mir, wer weiß, wo es abgeblieben ist. Ich fülle zehn Säcke, bringe sie in den Keller hinunter, früher oder später werde ich alles zum Sperrmüll bringen. Ich muss noch einmal eine Rolle kaufen. Nutzlose Dinge wegwerfen hat mir gutgetan, ich hoffe, dass ich in meinem Elan, die Säcke zu füllen, nichts weggeworfen habe, was ich noch brauche, und inzwischen schneit es und schneit... was für eine Stille.

260.

Ich muss in die Bar gehen, um zu sehen, wer mir hilft, die Matratze in mein Zimmer hochzutragen, alleine schaffe ich es nicht, es ist eine schwere Doppelmatratze mit Eisenfedern drin, die Treppe ist steil und eng, ich hoffe, dass ich Elio treffe, er ist stark. Dann gehe ich pinkeln, wasche mir die Hände, lese den motivierenden roten Spruch, lese ihn noch einmal, nehme einen Lappen und die Sprühflasche mit dem Glasreiniger und putze den Spiegel. Ich betrachte mich darin, wie schön sauber, der Spiegel. Und ich auch.

261.

Ich bin gegen drei losgefahren, es schneite noch, aber unten im Tal fiel Wasser und Schnee vom Himmel. Bevor ich dich abholte, bin ich auf einen Sprung in die Buchhandlung gegangen, um ein Buch zu kaufen, aber sie hatten es nicht, sie bestellen es mir, Wir haben noch andere über zeitgenössischen abstrakten Expressionismus, sagte mir die junge Frau, Nein danke, lass gut sein, dann bin ich ins Sportgeschäft gegangen und habe dir Skihosen, Handschuhe und Brille gekauft, der Bob ist bestellt. Jetzt bist du oben und schläfst, ich habe es dann doch alleine geschafft, die Matratze hochzutragen.

262.

Du bist um sechs aufgewacht und hast mich aus dem Bett gezogen, weil du spielen wolltest. Nachdem wir eine Kissenschlacht gemacht haben, sind wir hinuntergegangen, ich habe mir einen Kaffee gemacht und du wolltest kalte Milch trinken. Draußen schneit es noch, wir betrachten die Flocken, wie sie im Lichtkegel der Straßenlaterne fallen, dann machen wir die Tür auf, um zu sehen, wie viel Schnee heute Nacht heruntergekommen ist, du leuchtest mit der Taschenlampe, ich stecke das Metermaß in den frischen Schnee, 86 Zentimeter, Wie viel sind 86 Zentimeter, fragst du, wie groß bin ich? Ich schiebe dich zur Wand, Einen

Meter und drei Zentimeter, Ist das viel?, Es ist richtig für dein Alter. Dort hinten sehen wir Reto, erleuchtet vom Licht einer Straßenlaterne, wie er mit dem Schneepflug die Gasse zu seiner Hütte vom Schnee befreit. Der Schnee vollführt einen hohen Bogen, ab einer gewissen Höhe verschwindet er in der Dunkelheit, bevor er irgendwo wieder herunterfällt. Wir unterbrechen Reto bei seiner Arbeit und reden ein wenig mit ihm, man muss brüllen, so einen Lärm macht der Motor des Schneepflugs, aber einen Kaffee will er nicht, Wenn ich jetzt Pause mache, mache ich nicht mehr weiter, sagt er und fährt fort mit seiner Arbeit, und ich sage dir, dass Reto fast achtzig Jahre alt ist und noch Auto fährt, und du sagst zu mir, Ach was? Ich hole die Schaufel aus meinem Holzschuppen und helfe ihm, während du in den Schneehaufen spielst und der Schnee weiterhin aus der Dunkelheit herunterfällt.

263.

Ich lese und du malst mit Ölkreide auf eine Leinwand, Was malst du?, Einen Basquiat, Ja, ich weiß, aber was für einen Basquiat malst du denn?, Ich weiß nicht, sagst du und fährst schwungvoll mit dem gelben Kreidestift hoch und runter, Ein Feuer?, Vielleicht... oder vielleicht male ich einfach, sagst du. Draußen wird es langsam hell und man sieht fünf Meisen, die an diesen aufgehängten Kugeln picken. Später habe ich zusammen mit Reto noch ein wenig Schnee geschaufelt und ich habe auch um unseren Volvo herum geschaufelt, der zugeschneit war, aber dann habe ich es geschafft, eine Tür zu öffnen, um deine Hosen, Handschuhe und Brille herauszuholen.

264.

Ich bin gerade in die Hütte zurückgekommen, es ist halb acht Uhr abends, ich habe dich zu deiner Mama zurückgebracht. Du musstest um Punkt sechs unten sein, denn sie wird wütend, wenn wir uns verspäten, sie könnte sogar die Polizei rufen. Wir waren mit viel Spielraum losgefahren, denn bei den Straßen voller Schnee weiß man nie, wir fuhren ganz langsam die Serpentinen hinunter, als mit einem Sprung von rechts ein Hirsch auftauchte mit seinem schönen Geweih, mit einem weiteren Sprung über den Schneehaufen am Straßenrand sprang und im Wald verschwand. Wir hatten ihn nur einen Moment lang gesehen, im Licht der Scheinwerfer, aber das hatte genügt, um die ganze Fahrt von ihm zu sprechen.

265.

Als ich vorhin dort vorbeiging, war niemand da. Das kleine Fenster stand weit offen und mit mir kam auch ein schöner Luftzug herein. Ich sah die üblichen elektrischen Leuchter, von den Blumen waren nur ihr Duft und ein paar Blütenblätter auf dem Boden zurückgeblieben, die auf den Fliesen herumstreiften, ohne ein Geräusch zu machen. Ich bin ein wenig dort stehen geblieben, um nachzudenken, und dann kommt der Hausmeister und fragt, Suchen Sie jemanden?

266.

Als wir uns vor dem Haus verabschiedet haben, warst du traurig und musstest die Tränen zurückhalten, denn deine Mama war da, und du tust gut daran, stark zu werden, aber hier oben in der Hütte, als wir uns zum Losfahren fertig machten, hast du angefangen zu weinen und ich musste mich zurückhalten, nicht ebenfalls zu weinen, auch ich muss stark werden. Als ich dann aber in die Berge zurückfuhr, habe ich geweint und bin sehr schnell gefahren, vor Wut und Frustration, weil du und ich nicht zwölf Tage warten wollen, bis wir uns wiedersehen können, und du hast gesagt, Zwölf Mal ohne dich ins Bett gehen ist sehr viel.

267.

Heute Morgen sind wir aufgewacht, ganz kurz bevor die Sonne aufging, aber wir sind unter den Decken geblieben, um uns Geschichten zu erzählen, Geschichten von Tieren, die wir erfunden haben. Dann haben wir bis Mittag alle Spiele gespielt, die in der Hütte sind, und dann haben wir uns mit unserer Spezialkleidung zum Skifahren bereit gemacht, wir haben den Bob genommen und sind mit dem Sessellift auf den Gipfel gefahren, auf 2000 Meter, weißt du noch? Jedes Mal, wenn wir den Sessellift nehmen, ist das ein richtiges Abenteuer, du bleibst in der Zweierkabine nie sitzen, sondern stehst auf und hältst dich im Gleichgewicht und ich lasse dich, denn die Kabinen sind geschlossen, wenn du das Gleichgewicht verlierst, fällst du nirgendwohin, und als wir oben waren, wollten wir eine heiße

Schokolade trinken, aber es war ein großer Andrang an der Bar und du wolltest nicht wegen einer Schokolade Schlange stehen, Wir trinken sie zu Hause, hast du gesagt und dann sind wir mit dem Bob hinuntergefahren und hatten einen Riesenspaß, obwohl wir uns sagten, dass dieser Bob, der jetzt schon dreißig Jahre alt ist und einige kaputte Stellen hat, dass der nicht so schnell fährt wie die neuen und modernen, die uns überholten, aber, sagten wir uns, das ist vielleicht das letzte Mal, dass wir ihn benutzen, denn dieser neue mit dem Lenkrad muss bald kommen. Morgen rufe ich an.

268.

Auf einem anderen Foto ist deine Mama zu sehen, wie sie mit dem Ausbilder im Tandem aus einem Propellerflugzeug springt. Sie hat gern solche Dinge gemacht, sie ist auch mit einem Gummiband von einer Brücke gesprungen, aber dieses Foto ist nicht hier, ich finde es nicht, es muss unten in der Stadt sein, wie die Fotos, die wir gemacht haben, ein paar Tage nachdem wir uns kennengelernt hatten, diese Fotos, die man in den Fotokabinen für Passbilder macht, denn wenn du dich verliebst und mit deiner Liebsten oder deinem Liebsten dort drin landest, kommen Fotos heraus, von denen man die Hälfte besser gleich verschwinden lässt. An jenem Tag hatten wir Massen davon gemacht, ich würde sie mir gerne wieder ansehen, aber ich finde sie nicht, auch sie werden in der Stadt sein oder, noch wahrscheinlicher, bereits Asche.

269.

Die Schokolade haben wir nicht zu Hause getrunken, sondern in der Lepre Bianca, du bist dagesessen mit deinen roten Wangen und deiner laufenden Nase und Eurosia hat dir ein Stück Kuchen angeboten, sie hat dich wählen lassen zwischen dem Apfel- und dem Schokoladekuchen und du hast den Apfelkuchen genommen, weil Eurosia dir gesagt hat, dass sie ihn gebacken hat, und sie hat dir einen Haufen Fragen gestellt, denn seit deiner Geburtstagsfeier hatte sie dich nicht mehr gesehen, Bist du Bob gefahren oder Schlitten, war es kalt, war es windig, wie war der Schnee, waren viele Leute da... und du hast gerne mit ihr geplaudert und mit deiner Zunge den Rotz abgeleckt, der dir aus der Nase lief.

270.

Bis zum nächsten Mal muss ich den neuen Bob abholen und du musst das Album mit den Shrek-Stickern finden, denn wir müssen alle Figuren einkleben, die du hast, und du musst mir ein Armband machen wie das, das du mir in diesem Sommer gemacht hast, das aber kaputtgegangen ist, die Holzkugeln sind wer weiß wohin gefallen, wie damals meine Tabletten, du kannst es mir in diesem Umschlag schicken, den ich dir in den Rucksack gesteckt habe, diesen Umschlag, bei dem ich dir gezeigt habe, dass ich schon meine Adresse draufgeschrieben und die Briefmarke draufgeklebt habe. Hoffen wir, dass deine Mama dir dabei hilft, ihn einzuwerfen.

271.

Ich habe Lust, dich anzurufen, aber ich mache es nicht, weil du dich vielleicht gerade wieder an die Wohnung in der Stadt gewöhnst, ganz langsam, geben wir ihm Zeit, sich einzugewöhnen, du hast mir nämlich gesagt, dass du es nicht so gut findest, dass der Freund deiner Mama da ist, der dir immer Fragen stellt, aber weißt du, du bist nicht dazu verpflichtet, ihm zu antworten, Dann spreche ich nicht mehr mit ihm, hast du mir gesagt.

272.

Neulich am Abend war die Tür schon offen. Ich ging ganz langsam näher und drinnen waren zwei Männer, die die Leichenhalle herrichteten. Der offene Sarg stand bereits da, aber ich habe nicht hineingeschaut. Sie arrangierten nur die Blumen, und als sie mich sahen, haben sie für einen Moment aufgehört und sich an die Seite gestellt, als wollten sie mir eine gewisse Privatsphäre geben, und einer hat mir leise kondoliert. Ich habe einen Schritt gemacht und geschaut, ich kannte diesen Toten gar nicht, aber ich habe ihn aufmerksamer angeschaut als die anderen Male, wenn ich in die Leichenhalle kam und niemand da war außer mir und dem Toten.

273.

Es wird dunkel, auch wenn es heute gar nicht richtig hell war, es war ein tiefer grauer Schneehimmel, aber es hat nur einen Moment lang geschneit und dann war Schluss. Vorhin bin ich hinunter ins Tal zum Schulhaus gefahren, dort haben sie auch eine Bibliothek, vom Himmel kam Wasser und Schnee. Ich war während der Pause dort, um mir Bücher auszusuchen, und die Jungen und Mädchen aus der Mittelstufe, die dort waren, schauten mich an und kicherten, die Mädchen.

274.

Heute Morgen wurde ich von diesen beiden Arbeitern geweckt, die um halb sieben an die Tür geklopft haben, Ist da jemand?, haben sie gerufen und weitergeklopft, ich musste den Volvo wegfahren, weil sie den Schnee von den Parkplätzen wegräumten mit diesem riesigen blauen Traktor und diesem gelben Trax, die du beim letzten Mal gesehen hast. Wie können die denn damit fahren?, hast du mich gefragt, die sind ja riesig.

275.

Du bist weinend ans Telefon gegangen, Ich bin alleine zu Hause, ich weiß nicht, wo Mama ist, hast du gesagt, und ich habe dir gesagt, dass ich sie sofort anrufe und dass ich ganz in der Nähe bin, unten in der Stadt, weil ich gerade die Schlüssel von Cartier bei der Zentrale abgegeben hatte, und dass ich, wenn ich renne, in fünf Minuten bei deiner Wohnung sein kann, und dann habe ich aufgelegt und deine Mama angerufen, die wie immer nicht dranging, also habe ich ihr eine Nachricht geschickt und ihr gesagt, dass du alleine zu Hause bist und weinst. Und dann habe ich dich wieder angerufen und du bist drangegangen und hast etwas weniger geweint und hinter dir hat man die Stimme deiner Mama gehört, die zu dir sagte, Ich war in der Waschküche, und ich habe dich gefragt, Wie geht es dir jetzt?, aber du konntest mir nicht mehr antworten, man hörte, dass sie dir das Telefon wegnahm und es ausschaltete.

276.

Ich bin hier in der Hütte. Es ist halb neun und ich habe dich zum hundertsten Mal versucht anzurufen, aber dein Handy ist immer noch ausgeschaltet. Ich hoffe, dir geht es besser, denn als du mir weinend am Telefon gesagt hast, dass du alleine bist und nicht weißt, wo deine Mama ist, in diesem Moment bin ich innerlich vor Wut explodiert, ich senke den Kopf, umklammere den Lenker und trete in die Pedale.

277.

Ich bin um acht aufgewacht, heute muss ich nicht arbeiten und morgen auch nicht und auch übermorgen nicht, ich schaue aus dem Fenster und es schneit, es schneit heftig, ich habe dich sofort angerufen, bevor du in den Kindergarten gehst, aber dein Handy ist immer noch aus.

278.

Dann habe ich eine Nachricht an Samantha geschickt, um sie zu bitten, das heutige Treffen auf morgen oder übermorgen zu verschieben, wir müssen uns sehen wegen der Scheidung und dann will ich ihr auch sagen, was gestern Abend passiert ist, man darf ein Kind nicht alleine lassen. Sie hat mich dann angerufen, die Samantha, ich habe schon eine Weile nichts mehr von ihr gehört, Ja, mir geht es gut, und dir? Oh, du hast eine Wohnung gefunden? Lebst du mit deinem Typ zusammen? Ja, gut, das freut mich für dich.

279.

Ich bin in den Dorfladen gegangen, um Bier und Kartoffelchips zu kaufen, denn das ist einer der Tage für Bier und Kartoffelchips, auch ohne Champions League.

280.

Ich habe dich am Mittag angerufen, dein Handy ist noch immer aus. Ich habe Samantha geschrieben, habe ihr die Geschichte mit dem ausgeschalteten Handy erklärt, dass der Amtsrichter gesagt hat, dass es immer eingeschaltet sein muss, ich weiß, dass meine Anrufzeiten von fünf bis acht Uhr abends sind, aber gestern Abend war es ausgeschaltet. Ich habe ihr diesen Brief geschrieben, auch wenn ich sie besser angerufen hätte, aber mir war nicht danach, ihre Stimme zu hören, dann bin ich in die Bar gegangen, um einen Kaffee zu trinken und Zeitung zu lesen, und als ich zurückkam, war eine E-Mail von Samantha gekommen, sie schreibt mir, dass die Anwältin deiner Mama heute nicht da ist und dass ich Ruhe bewahren soll bis morgen, und ich habe ihr geantwortet, Mach dir keine Sorgen. Ich fache das Feuer wieder an und bleibe dort, um mir das Gesicht wärmen zu lassen. Alles, was ich tun kann, ist seufzen, die Augen schließen, schlucken und wieder seufzen.

281.

Es entspannt mich, die Zähne der Kettensäge zu schleifen, einen nach dem anderen, als würde ich die Perlen des Rosenkranzes zählen, es ist jedes Mal, wenn ich mit der Rundfeile über einen Zahn fahre, ein Mantra, Sorgen und Schereien vermischen sich mit dem Feilstaub und fallen zu Boden, werden vom Boden verschluckt. Ich verliere mich, vielleicht habe ich die hier schon geschliffen, lass es mich aus der Nähe anschauen, ja, ich habe die Runde schon gemacht, vielleicht sogar zweimal, das wäre nicht das erste Mal. Ich fülle das Gemisch aus Benzin und Kettenöl auf und, verdammte Scheiße, die Motorsäge springt nicht an, ich ziehe noch einmal, sie springt nicht an, ich war schön entspannt, aber wenn das passiert, bekomme ich Lust, sie hinunter ins Tal zu schmeißen, dann gehe ich los und laufe im Kiefernwald herum.

282.

Ich dusche abends gerne kalt, jetzt, wo draußen Winterkälte herrscht, und wenn ich dann aus der Dusche komme, mache ich ein paar Schritte in der Dunkelheit und spüre eine große Hitze.

283.

Ich habe dich versucht anzurufen, jetzt ist es sechs Uhr, draußen ist es dunkel, ich habe mir auf dem Heimweg vom Kiefernwald mit dem Handy Licht gemacht, und du bist drangegangen, endlich hat dir deine Mama das Handy wieder eingeschaltet. Wir haben zwanzig Minuten miteinander geplaudert, du hast mich gebeten, Dokumentarfilme über Wölfe und Eulen zu suchen, ich hatte dir nämlich gesagt, dass ich Dokumentarfilme über Dinosaurier gesehen habe, Aber über Dinosaurier weiß ich jetzt alles, hast du mir gesagt, jetzt müssen wir die Wölfe und die Eulen lernen, und ich habe dir erzählt, wie schön es ist, in der Dunkelheit im Kiefernwald spazieren zu gehen.

284.

In letzter Zeit träume ich oft, dass ich es bin, der deine Mama aus der Wohnung wirft, aber du kommst in diesen Träumen nie vor... stell dir vor, ich halte dich sogar in meinen Träumen aus meinen Scherereien heraus.

285.

Gestern stand da dieser Sarg, er war geschlossen und um ihn herum lauter Blumen. Das ließ mich an meinen Freund denken, der bei einem Autounfall gestorben ist. Er war gerade mit dem Flugzeug aus den Ferien zurückgekommen und bei der Rückfahrt vom Flughafen muss er wohl auf der Autobahn am Steuer eingeschlafen sein, jedenfalls stelle ich mir das so vor, so hat er nämlich den Aufprall, der ihn getötet hat, gar nicht bemerkt, und dann ist er in einem geschlossenen Sarg nach Hause zurückgekehrt und nur sein Vater konnte ihn erkennen.

286.

Ich mache einen Spaziergang, am Rand der engen Dorfstraßen sind Autos geparkt, denn die Parkplätze sind schon voll. Auf den Skipisten wird ein schönes Gedränge sein, heute ist es auch noch warm, die Sonne scheint und der Himmel ist schneidend blau. Die Glocken läuten feierlich, es ist Sonntag, es sind gut und gern... jetzt schaue ich auf das Thermometer hier vor der Bar, lass mich nachsehen, es sind neun Grad im Schatten, und ich bitte Eurosia, mir einen Kaffee zu bringen.

287.

Ich musste zweimal mit dem Volvo hinfahren, ich habe die 110-Liter-Säcke zum Recyclinghof gebracht, ich habe sie in die Sperrmüllpresse geworfen, ich nahm einen nach dem anderen, ließ ihn schwingen und warf ihn dann mit all meinen Kräften hinein. Bei jedem Wurf spürte ich, wie durch die Anstrengung die Erinnerungen, die Melancholie, die Streitereien und die Gespenster aus meinem Kopf durch den Hals und die Arme und schließlich durch die Finger strömten und sich wie Blitze entluden, fast konnte ich sie sehen, eine Spirale aus weißen und roten und gelben Funken, die aus der Presse sprühten und sich mit dem vibrierenden Licht vermischten, das schräg ins Tal fiel. Vergessen Sie sie, das wird schwer, aber Sie müssen das für sich selbst und für Ihren Sohn tun, denn sonst springen Sie früher oder später hier hinunter und wir sind hier im fünften Stock... Ich atme tief durch und sehe am blauen Himmel den Glanz der Sonne, weit und ewig. Wer weiß, wie sie entstanden ist, es heißt, sie brennt seit Millionen von Jahren... Ich lächle ihr zu. Auch mit den Augen.

288.

Neulich war ich bei Samantha, wir sind in den Sitzungssaal und nicht in ihr Büro gegangen, sie sagte zu mir, Nimm Platz, und zeigte auf einen Stuhl, dann setzte sie sich auf die andere Seite des großen Tisches und für eine Weile habe ich mich gefragt, ob ich sie siezen sollte, ihre Worte waren trocken, als hätte sie keinen Speichel. Ich hatte zu Samantha gehen müssen, um ihr einige Dokumente zu bringen, damit sie den Scheidungsantrag zu Ende schreiben kann, denn in weniger als einem Monat haben deine Mama und ich den Termin beim Amtsgericht, das heißt, dass deine Mama und ich an jenem Tag vor dem Amtsrichter erscheinen müssen, zusammen mit unseren Anwältinnen, und er wird uns sagen, dass sie und ich von diesem Tag an nicht mehr verheiratet sind, aber dass du immer unser Sohn bleiben wirst und wir deine Eltern.

289.

Nachdem ich die Schlüssel der Cartier-Boutique übergeben hatte, ging ich am Fluss entlang, um mein Auto oben auf den Parkplätzen am Stadion abzuholen. Ich rufe dich an und du sagst zu mir, Weißt du, dass ich eine Katze habe?, und ich antworte dir mit der gleichen Begeisterung, Wie schön und wie heißt sie?, und du sagst zu mir, Sie heißt Titi, und dann fragst du mich, Hörst du, wie sie miaut? Miaaau, und ich sage, Wie schön und welche Farbe hat sie denn?, Ein bisschen weiß und ein bisschen schwarz, sagst du, und dann sagst du, dass sie klein ist und gerade erst geboren wurde, aber schließlich hast du mir gesagt, dass es ein Scherz war, du warst es, der Miau gemacht hat, Du miaust wirklich gut, wie eine echte Katze, habe ich dir gesagt, ich bin darauf hereingefallen.

290.

Heute Abend habe ich dich nicht angerufen. Ich bin am Fluss entlanggelaufen und habe das Handy genommen, um dich anzurufen, aber auf dem Display erscheint die Anzeige, dass mein Guthaben aufgebraucht ist, genau, das hätte ich mir ja denken können, dass etwas passieren musste, denn heute war noch nichts Besonderes passiert, glaube ich, oder vielleicht denke ich nicht einmal mehr daran, an meine ganzen Scherereien. Ich kann nur noch die Nummer zum Aufladen anrufen, aber dafür muss ich zuerst bei Coop vorbeigehen, um ein Guthaben zu kaufen, ich habe ein Abo von Coop, aber um diese Zeit ist geschlossen, wir sind ja nicht in diesen Städten, wo alles auch nachts geöffnet ist.

291.

Ich bin gerade zu Hause angekommen, es ist schon zu spät, um dich vom Festnetztelefon anzurufen, du wirst schon im Bett sein, ich rufe dich morgen an. Ich koche mir etwas, dann mache ich einen Spaziergang in der Dunkelheit. Neulich ist mir Django gefolgt, Angelos Hund. Wir gingen zusammen, es war schön, einen Hund als Gefährten zu haben, ein wenig folgte ich ihm, ein wenig war er es, der mir folgte, und als es dann darum ging, zu entscheiden, ob wir zum Kiefernwald hinaufgehen oder nach rechts abbiegen und auf der Straße weitergehen sollten, blieb ich stehen und er auch. Also, habe ich zu ihm gesagt, entscheide du, los, großer Hund, wohin gehen wir? Wir sind im Kiefernwald gelandet, und ich habe es geschafft, vorwärtszukommen, indem ich seinem Keuchen und dem leichten Geräusch seiner Schritte folgte. Der Kiefernwald schlief einen tiefen Schlaf in der Dunkelheit, die alles gefangen nahm. Und dann war da eine Lichtung, das Gewölbe hatte sich über unseren Köpfen geöffnet und winzig klein waren die Sterne erschienen, durch die Finsternis voneinander getrennt.

292.

Heute sind es zehn Jahre her, dass deine Mama und ich uns kennengelernt haben, und nach ein paar Monaten waren wir schon zusammengezogen und nach dreieinhalb Jahren bist du geboren worden, aber wir hatten dich schon viel früher erwartet, so sehr liebten wir dich. Und jetzt, zehn Jahre später, habe ich dich gerade angerufen, ich bin hier oben in den Bergen und du bist unten in der Stadt und dein Handy ist ausgeschaltet und wer hätte je gedacht, dass es so kommen würde.

293.

Weißt du, dass deine Mama und ich eines Abends auf dem Sofa lagen und uns einen Film anschauten, das war in unserer Wohnung im Zentrum einer Stadt in Australien, und an jenem Abend, wir schauten uns also in aller Ruhe einen Film an, hört man plötzlich eine Salve von sechs Pistolen- oder Gewehrschüssen. Wir lassen ein paar Augenblicke verstreichen, dann strecken wir unsere Köpfe aus dem Fenster und schauen nach unten, da war ein großes Durcheinander auf der Straße, Menschen, die schrien, und Menschen, die rannten. Wir sind hinuntergegangen. Ein Mann war erschossen worden und die Polizei war gekommen, Weg weg gehen Sie weg, machen Sie Platz, riefen sie, und einer hat mit Kreide seine Umrisse gezeichnet und ein anderer hat ihn mit einem weißen Tuch bedeckt, und erst nach einer Woche ist sie weggegangen, die Kreide, es regnet nie an jenem Ort.

294.

Gestern Abend am Telefon hast du gerade gebadet und mit dem Säbelzahntiger und dem T-Rex und dem King Kong gespielt. Und an einem anderen Abend hast du mir gesagt, dass du neue Turnschuhe kaufen gehst, und am Abend danach hast du mir gesagt, dass du orangefarbene, schwarze und weiße Nike gekauft hast, ohne Stollen, dass du aber gelbe Puma mit Stollen wolltest, hast du gesagt, und ich habe dir gesagt, dass ich dir die zum Fußballspielen kaufe, und wenn ich sie finde, kaufe ich dir genau die gelben Puma.

295.

Hier in den Bergen schneit es. Heute muss ich nicht arbeiten, ich habe die letzten Tage gearbeitet, Wachdienst die ganze Nacht bei einer Karnevalsfeier, und du hast mir gesagt, dass ich nachts arbeite, weil es nachts mehr Diebe zum Verhaften gibt, aber es war nur voll mit betrunkenen Leuten, beim Karneval, aber das habe ich dir nicht gesagt.

296.

Wenn wir uns das nächste Mal sehen, fahren wir ans Meer, wir nehmen den Zug und fahren ans Meer. Deine Mama lässt uns fünf Tage zusammen sein, Manuela hat uns eingeladen, erinnerst du dich an sie? Wir sind vor zwei Sommern schon einmal nach Genua gefahren, um sie zu besuchen, weißt du noch, dass du im Meer geschwommen

bist? Aber dieses Mal schauen wir das Meer nur an, wir
können nicht baden, es ist kalt, auch am Meer ist es im
Winter kalt, habe ich dir gesagt. Und du hast mir gesagt,
dass du dich erinnerst, ans Meer, das Wasser war salzig,
und dass es sehr groß ist, das Meer. Ist das Meer größer
oder das Leben?

297.

Um nachts im Kiefernwald spazieren zu gehen, habe ich
mir eine Stirnlampe gekauft, und ich habe auch eine für
dich gekauft. Anfangs versuchte ich beim Gehen so wenig
Lärm wie möglich zu machen, wie wenn man zu Hause
herumläuft und im anderen Zimmer jemand schläft. Ich
hielt beinahe den Atem an, um die Geräusche des Waldes
besser zu hören. Aber dann machte mir das langsam Angst,
wenn ich ein Klatschen oder ein Knirschen hörte, das aus
der Dunkelheit kam, und ich fing an, beim Gehen Lärm zu
machen, und am Ende habe ich sogar gesungen, vielleicht
um die Angst zu vertreiben, die mir durch die Adern floss,
oder weil ich mich gut fühlte.

298.

Vor der Trennung hast du Tiere und Landschaften gemalt
und danach hast du angefangen, Monster zu malen, die
schießen und töten. Doktor Flemma sagt, das ist normal,
wenn du Monster malst, die sich töten. Sie werden sehen,
sagt er zu mir, Sie werden sehen, dass alles ans Licht
kommt, und ich bin sicher, dass die Fehler, die die Signora

gemacht hat, dass sie sie früher oder später bezahlen muss, auf die eine oder andere Weise, fügt er hinzu, denn ich habe zu Ihrer Frau gesagt... Exfrau, korrigiere ich ihn, Ja, entschuldigen Sie, Exfrau, sie hat viel Porzellan zerschlagen, Ihre Exfrau... aber Sie werden sehen, Sie werden sehen, kommt er zum Schluss. Und also warte ich, dass ich sehen werde.

299.

Heute ist Elvezia gestorben. Erinnerst du dich an Elvezia? Sie war die Schwester von Gian und Rosa, und wenn wir sie besuchten, hast du immer Birnensaft getrunken und mit dem Deckel der Flasche hast du gerne tick tock gemacht und dann hast du den Deckel mit nach Hause genommen, du sammelst sie, hast du gesagt. Und dann war da der schwarz-weiße Kater, der, wenn es warm war, draußen in einem Blumentopf im Schatten schlief, aber im Winter schlief er neben dem brennenden Kamin. Weißt du, sie war 86 Jahre alt, sie ist an Altersschwäche gestorben. Und weißt du auch, dass sie noch Auto gefahren ist? Sie war tatsächlich gerade auf dem Land gewesen, um Eier aus dem Hühnerstall zu holen, dann ist sie zurückgekommen, hat im alten Dorfkern geparkt, und als sie einen Meter vor ihrer Haustür war, ist sie gestorben, einfach so, mit dem Eierkorb in der Hand. Und kein einziges ist kaputtgegangen. Das ist ein wenig wie ein Zeichen, haben Gian und Rosa und ich gesagt, denn in ihrem Leben hat Elvezia bis zum letzten Tag die Dinge immer ordentlich gemacht.

300.

Ich habe zum ersten Mal einen Toten gesehen, als mein Großvater gestorben ist. Ich war zwölf Jahre alt und sie hatten mir gesagt, ich solle keine Angst haben, das sei, wie wenn der Großvater schläft, und tatsächlich haben alle geflüstert, wie wenn sie ihn nicht aufwecken wollten, aber ich hätte das gewollt, ihn aufwecken.

301.

An diesem Wochenende bist du bei mir, aber wir fahren nicht ans Meer, morgen ist die Beerdigung von Elvezia. Sie machen sie in der kleinen Kirche im Dorf, wo deine Großeltern wohnen. Morgen muss ich dem Großvater helfen, einen Betonsockel in die Kirche hinunterzutragen, den, den sie auf der Terrasse haben, um den Sonnenschirm zu halten. Morgen stecken sie das Kreuz hinein.

302.

Vorhin habe ich dir gesagt, dass Elvezia gestorben ist und dass morgen die Beerdigung ist. Du hast gesagt, wenn sie noch Auto gefahren ist, dann war sie gar nicht so alt, um zu sterben, auch Reto oben in den Bergen fährt noch Auto, er ist so alt wie Elvezia und er ist noch nicht gestorben. Vom Tod habe ich dir vor zwei Jahren angefangen zu erzählen, als unsere Hündin Blue gestorben war, die du so lieb hattest, obwohl sie dich einmal gebissen hatte, und die du schon an der Leine spazieren führtest. Ich weiß noch, dass ich dir sagte, Blue habe sich in einen Stern oder in eine Wolke verwandelt. Und wenn du dann nach oben in den Himmel schautest, hast du mir oft gesagt, Schau, da ist Blue. Und jetzt kannst du oben in einer Wolke auch Elvezia sehen.

303.

Vorhin habe ich dich gefragt, ob du zu Elvezias Beerdigung gehen möchtest, und du hast ernsthaft Ja gesagt, also sind wir hingegangen. Es war ein schöner sonniger Tag, wir sind zu Fuß hingegangen. Vor der kleinen Kirche standen schon viele Menschen, alle um Gian und Rosa herum. Ich habe dir erklärt, was gerade passiert, und dann sind wir zusammen zu ihnen gegangen, haben sie gegrüßt und sie haben dich fest umarmt. Als der Leichenwagen kam, habe ich dir wieder erklärt, was passiert, und als sie den Sarg auf die Schultern nahmen, um ihn in die Kirche zu tragen, hast du ihm zugewinkt und Ciao Elvezia gesagt. Gian hat dich gehört und sich umgedreht. Er weinte und du warst für einen Moment verunsichert, das habe ich an deinem Gesicht gesehen. Vielleicht hast du gedacht, du hättest etwas falsch gemacht, darum habe ich dir ins Ohr geflüstert, Das war schön von dir.

304.

In die Kirche sind wir dann nicht gegangen, weil sie zu voll war. Wir sind draußen geblieben, auch die Großmutter war da und andere Menschen, die wir kennen. Wir haben ein bisschen geredet und die Zeit ist schnell vergangen. Als sie den Sarg herausgetragen haben, um ihn wieder in den Leichenwagen zu schieben, wolltest du ihn berühren und hast noch einmal Elvezia, Gian und Rosa zugewinkt. Dann hast du mich gefragt, was auf dem Friedhof passiert, ich habe es dir erklärt, du hast eine Weile nachgedacht und dann hast du mir gesagt, dass du nicht auf den Friedhof gehen willst. Wir sind wieder zum Haus der Großeltern hinaufgegangen und haben Fußball gespielt. Ich habe dir die gelben Puma mit Stollen gekauft. Warum wolltest du denn die gelben?, habe ich dich gefragt, Sie sind wie die Sonne und die Sonne ist groß, hast du zu mir gesagt. So groß wie das Leben.

Andreas Löhrer, geboren 1956 in Mannheim, lebt seit vielen Jahren in Hamburg. Er übersetzt vorwiegend aus dem Italienischen, aber auch aus dem Spanischen und Französischen, u. a. Nanni Balestrini, Pino Cacucci, Maurizio Maggiani und Paco Ignacio Taibo II.

Foto: Malik Andina

Fabio Andina, geboren 1972 in Lugano, studierte Filmwissenschaften und Drehbuch in San Francisco. Heute lebt er im Bleniotal. Sein Roman *Tage mit Felice* erschien 2020 auf Deutsch, wurde mehrfach ausgezeichnet und in viele Sprachen übersetzt. 2021 folgte der zweisprachige Prosaband *Tessiner Horizonte – Momenti Ticinesi* mit Zeichnungen von Lorenzo Custer.

Cesare Pavese	*Der Mond und die Feuer*
Lisa Elsässer	*Fremdgehen*
Bruno Pellegrino	*Atlas Hotel*
Pascale Kramer	*Die Lebenden*
Romana Ganzoni	*Granada Grischun*
S. Corinna Bille	*Für immer Juliette*
Romain Gary	*Du hast das Leben vor dir*
Pascale Kramer	*Autopsie des Vaters*
Yael Inokai	*Mahlstrom*
Cesare Pavese	*Das Haus auf dem Hügel*
Matthias Amann	*Hunde im Weltraum*
Vincenzo Todisco	*Das Eidechsenkind*
Marie Modiano	*Ende der Spielzeit*
Ruska Jorjoliani	*Du bist in einer Luft mit mir*
Rolf Hermann	*Flüchtiges Zuhause*
Paolo Cognetti	*Fontane Numero 1*
Romain Gary	*Die Jagd nach dem Blau*
Lisa Elsässer	*Erstaugust*
S. Corinna Bille Maurice Chappaz	*Ich werde das Land durchwandern, das Du bist*
Cesare Pavese	*Der Genosse*
Leta Semadeni	*Tamangur*
Pascale Kramer	*Eine Familie*

Romana Ganzoni	*Tod in Genua*
Andreas Nentwich	*Change Ringing*
Gabriella Zalapì	*Antonia*
Fabio Andina	*Tage mit Felice*
Marie-Hélène Lafon	*Die Annonce*
Simon Deckert	*Siebenmeilenstiefel*
Cesare Pavese	*Der schöne Sommer*
Alexandre Hmine	*Milchstraße*
Fabio Andina Lorenzo Custer	*Tessiner Horizonte – Momenti ticinesi*
Elena Costa	*Der Traum vom kühnen Leben*
Ruska Jorjoliani	*Drei Lebende, drei Tote*
Gino Vermicelli	*Die unsichtbaren Dörfer*
Marie-Hélène Lafon	*Geschichte des Sohnes*
Franco Supino	*Spurlos in Neapel*
Dacia Maraini	*Caro Pier Paolo*
Fabio Andina	*Davonkommen*
Matthias Zschokke	*Der graue Peter*
Kathrin Burger	*Vor mir wird es Morgen*
S. Corinna Bille	*100 kleine Schauergeschichten*

Alfonso Ossorio (1916–1990), Turn for the Better, 1950, ink, wax and watercolor with incised gouges on Hi-Art illustration board, 21 1/8 × 30 1/8 inches / 53.7 × 76.5 cm, signed; © Robert U. Ossorio Foundation; Courtesy of Michael Rosenfeld Gallery LLC, New York, NY